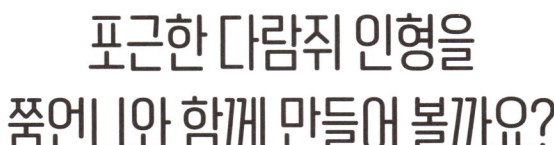

포근한 다람쥐 인형을
쭘언니와 함께 만들어 볼까요?

나무에서 쪼르르 내려와 솔방울을 집어 가는 귀여운 다람쥐!

1 양모펠트 전문 쇼핑몰에서 필요한 도구들을 편하게 구입해요!

★ 쭘언니가 애용하는 대표 쇼핑몰

■ **코코펠트** http://smartstore.naver.com/cocofelt

양모 인형을 만드는 알짜 재료만 판매하는 양모 인형 전문 몰입니다. 제가 별도로 만들어 판매하는 키트도 이곳에서 살 수 있습니다. 양모 인형에만 특화되어 있어 재료를 고르기에 좋습니다.

■ **스튜디오 분트** https://smartstore.naver.com/studiobunt

각종 양모 관련 제품을 판매하는 곳입니다. 가장 큰 장점은 DIY가 가능한 인형 눈을 판매한다는 점입니다. 원하는 인형 눈을 찾을 수 없을 때 이곳에서 유리 눈 만들기 재료를 구매할 수 있습니다.

■ **태양이네** http://www.etaeyang.com

양모펠트 재료를 비롯하여 다양한 펠트지도 같이 판매합니다. 외국의 양모 인형 만들기 책들을 볼 수 있으며, 인형을 만드는 소품(모자 방울 등)을 다양하게 구경하고 구매할 수 있습니다.

양모펠트 동물 인형

쭘언니(박주미) 지음

누구나 쉽게 양모로 만드는
양모펠트 동물 인형

초판 인쇄일 2021년 11월 12일
초판 발행일 2021년 11월 19일

지은이 쭘언니(박주미)
발행인 박정모
등록번호 제9-295호
발행처 도서출판 혜지원
주소 (10881) 경기도 파주시 회동길 445-4(문발동 638) 302호
전화 031)955-9221~5 **팩스** 031)955-9220
홈페이지 www.hyejiwon.co.kr

기획 김태호
진행 김태호, 박주미
디자인 김보리
영업마케팅 김준범, 서지영
ISBN 979-11-6764-006-2
정가 17,500원

Copyright © 2021 by 쭘언니(박주미) All rights reserved.
No Part of this book may be reproduced or transmitted in any form,
by any means without the prior written permission on the publisher.

이 책은 저작권법에 의해 보호를 받는 저작물이므로 어떠한 형태의 무단 전재나 복제도 금합니다.
본문 중에 인용한 제품명은 각 개발사의 등록상표이며, 특허법과 저작권법 등에 의해 보호를 받고 있습니다.

prologue

여러분은 양모 인형 하면 떠오르는 이미지가 있으신가요? 제가 양모펠트(니들펠트)에 대해 잘 몰랐을 적에는 양모 인형을 떠올리면 포근하고 따뜻한 이미지가 그려졌던 것 같아요. 저는 제가 기르던 반려동물이 떠나고 반려동물을 추억하기 위해 처음으로 양모펠트(니들펠트) 공방에 수업을 들으러 갔었어요. 처음 가는데도 굉장한 동물을 만들어 낼 수 있을 것만 같은 근자감이 가득 했었죠. 그런데 성격 급한 저에게 충격적인 일이 일어났어요. 처음 4시간 동안 손바닥만 한 기니피그를 형태밖에 못 잡았거든요. 500원 크기밖에 되지 않는 작고 동그란 양모 볼이 1시간이나 걸릴 줄 몰랐었죠!

그런데 그게 양모펠트(니들펠트)의 매력이더라고요. 늘어진 시간 속에 마음이 고요해졌어요. 양모펠트(니들펠트)는 그 공간에 나와 양모밖에 없도록 만들어 줍니다. 다른 생각을 하는 순간 홈이 파여 있는 날카로운 바늘이 손끝을 무자비하게 공격하거든요. 그러니 양모를 만질 때만큼은 잡생각을 뒤로할 수밖에 없습니다. 머릿속이 너무 복잡해서 생각을 멈추고 싶을 때도 포근한 양모펠트(니들펠트)를 추천 드리는 이유예요.

본격적으로 들어가기에 앞서 양모펠트에 대한 설명을 하고 들어가야 될 것 같아요. 이 책에서 설명하는 양모펠트는 사실 정확히 말하면 니들펠트(needle felt)입니다. 바늘이 주 도구로, 양모를 엉키게 해서 작품을 만드는 것이기 때문에 바늘이 강조되죠. 펠팅이란 털을 서로 엉키게 하여 조직을 조밀하게 만드는 모직물 가공의 한 공정을 뜻해요. 니들펠트는 양모를 가공하는 여러 기법 중 하나지만, 이 니들펠트라는 용어는 펠트를 잘 모르는 초보자 분들에게는 양모의 느낌으로 다가오지 않죠. 저도 마찬가지였고요. 그래서 이 책에서는 편의상 니들펠트를 전부 양모펠트로 표기했답니다. 하지만 헷갈리시면 안 되는 게 있어요! 펠트 공예 중에 울펠트(wool felt)라는 용어가 따로 있거든요! 울펠트는 바늘을 이용하지 않고 양모를 비눗물로 비벼 엉키게 하여 조직을 조밀하게 만드는 모직물 가공을 뜻해요. 울과 양모는 같은

귀엽고 깜찍한 양모펠트의 세계로 어서 와~

말이지만, 이 책에서 말하는 양모펠트는 울펠트와는 전혀 다른 단어라는 걸 기억해 주세요.

양모펠트(니들펠트)로 만든 양모 인형은 만들 수 있는 형태에 제약이 없다는 매력이 있어요. 정형화된 공식도 순서도 거의 없어요. 그냥 원하는 모양만큼 양모를 덧대어 콕콕 찌르면 된답니다! 마치 지점토처럼요! 양모 인형을 만드는 데 실패란 없어요. 잘못 펠팅한 부분만 자른 뒤 다시 붙여도 되고, 살이 덜 붙은 곳에는 양모를 더 얹어 펠팅하면 돼요. 다만 마음을 급하게 먹지 마세요. 마음을 비우고 천천히 한 땀 한 땀 펠팅하다 보면 반드시 원하는 모양이 나옵니다. 그만큼의 애정이 담기는 건 덤!

책에서 다룬 동물들은 각각의 귀여운 포인트를 찾아서 강조하려고 노력했어요. 저와 함께 이 책을 따라 한다면 여러분도 자신이 원하는 귀여운 동물 인형을 만들 수 있을 거예요! 실수하더라도 괜찮아요. 너무 똑같이 만들려고 노력할 필요 없어요. 같은 사람이 다람쥐 열 마리를 만들어도 모두 다른 다람쥐가 만들어지는 것 또한 양모 인형의 매력이에요. 우리 같이 각자의 애정이 담긴 인형을 만들어 봐요.

쭘언니(박주미)

Contents

프롤로그 ——————— 4

Part 01
양모펠트의 기본 재료 소개

- Ready 01　양모펠트 필수 도구와 재료 ——————— 12
- Ready 02　그 밖의 도구와 부재료 ——————— 15

Part 02
양모펠트의 기본 기법과 기초 연습

- Practice 01　양모 다루기 ——————— 20
- Practice 02　기초 기법 연습(곰 인형) ——————— 24
- Practice 03　색 입히기와 무늬 넣기(고양이 브로치) ——————— 34
- Practice 04　뼈대 사용하기(심플 양) ——————— 42

귀여운 동물 친구들을
만들어 보세요!

Part 03
귀여움 가득 동물 친구들

Animal 01
기니피그

54

Animal 02
다람쥐

60

Animal 03
새앙토끼

72

Animal 04
고슴도치

80

Animal 05
병아리

88

Animal 06
암탉

96

Contents　7

Animal 07	Animal 08	Animal 09
오목눈이	아기 수달	레서판다
104	112	122

Animal 10	Animal 11	Animal 12
물개	아기 펭귄	페르시안 친칠라
132	142	148

Animal 13	Animal 14
시바견	포메라니안
166	176

Part 04
동물 친구들과 함께하는 소품들

소품을 만들어서 작품에 장식해 보세요!

Accessories 01
다람쥐 리스

───── 193

Accessories 02
꽃 한 송이(들국화)

───── 198

Accessories 03
닭 둥지 코스터

───── 202

Accessories 04
고양이 장난감

───── 204

부록
인형 제작 가이드용 도안지

───── 208

Contents 9

zzum's lesson

쥼언니의 귀여운 동물 양모펠트

(Ready 01) 양모펠트 필수 도구와 재료
(Ready 02) 그 밖의 도구와 부재료

Part 01

양모펠트의 기본 재료 소개

Ready 01
양모펠트 필수 도구와 재료

양모펠트의 정확한 명칭은 니들펠트(needle felt)입니다.

이 책에선 편의상 니들펠트를 전부 양모펠트로 표기합니다.

양모펠트 배우기에 앞서 양모펠트를 할 때 꼭 필요한 필수 재료를 소개합니다.

크게 양모, 니들펠트(양모펠트) 전용 바늘, 작업 매트가 필요합니다.

이것만 있어도 기본적인 양모 인형 대부분을 만들 수 있습니다.

양모펠트 전용 바늘

양모펠트는 양모를 엉키게 하는 전용 바늘을 사용합니다. 이 바늘은 일반 바늘과 달리 자세히 보면 홈이 파여 갈고리처럼 되어 있습니다. 이 바늘로 양모를 찌를 때마다 바늘에 있는 홈에 걸려 양모끼리 엉키게 해 줍니다. 이렇게 실의 조직들이 엉키며 단단하게 뭉쳐지는 것을 펠팅이라고 합니다.

니들펠트(양모펠트) 전용 바늘에는 크게 1구바늘, 3구바늘, 5구바늘이 있습니다. 1구, 3구, 5구바늘은 바늘의 종류가 아니고 바늘을 고정해 쓰는 홀더의 이름입니다. 홀더 안쪽에 1구바늘을 리필하여 씁니다. 리필되는 바늘은 같지만, 전용 홀더마다 특이점이 있습니다.

1구바늘

전용 바늘 하나를 말합니다. 전용 바늘은 전부 리필용으로 되어 있어 각각 1구바늘, 3구바늘, 5구바늘 전용 홀더에 끼워 사용합니다. 1구바늘은 꼭 홀더에 사용하지 않아도 되지만 너무 얇은 바늘을 오래 쥐고 작업하는 것은 손가락에 무리가 갈 수 있으니 특별한 경우 외에는 홀더를 사용하길 권장합니다.

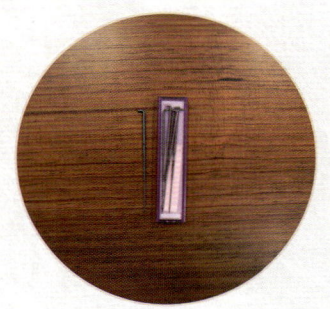

❶ 굵은 바늘(36게이지)

게이지가 낮을수록 굵은 바늘입니다. 굵고 거칠기 때문에 정교한 작업에는 무리가 있습니다. 보통은 인형의 토대를 잡을 때 빠르게 뭉치는 용도로 쓰입니다. 그 때문에 이 바늘은 3구와 5구바늘의 리필용으로는 적합하지 않습니다.

❷ 중간 바늘(38게이지)

굵은 바늘과 얇은 바늘 사이 중간값 게이지의 바늘은 보통 모든 작업 과정에 무난하게 쓰입니다. 양모를 뭉치기에도, 심기에도 크게 무리가 없어 바늘을 하나만 사용한다면 중간 바늘만 사용하는 것이 가성비가 좋습니다.

❸ 얇은 바늘(40게이지)

게이지가 높을수록 얇은 바늘입니다. 얇은 바늘은 보통 털을 심을 때 인형의 베이스 형태를 유지하며 심기 위해 사용합니다. 비교적 정교한 작업에 사용하는 바늘이라 인형 마무리 단계에서 삐져나온 양모 가닥을 정리하는 용도로 쓰기도 합니다.

3구바늘

3구바늘은 3구홀더에 1구바늘 3개를 끼운 바늘로, 주로 모양을 빠르고 단단하게 뭉치는 용도로 사용합니다. 하지만 기본 토대가 어느 정도 잡힌 상태가 아닌 양모에 사용한다면 골고루 펠팅되지 않고 울퉁불퉁하게 펠팅되기 때문에 1구바늘로 어느 정도 모양을 잡아 놓고 사용하는 것이 좋습니다(2구바늘 홀더도 존재합니다. 이 바늘 또한 3구바늘과 용도가 같습니다. 더 작은 면적에 사용합니다).

5구바늘

5구바늘은 5구홀더에 1구바늘 5개를 끼운 바늘로, 주로 얇고 평평한 개체를 만들 때 사용합니다. 5구의 바늘이 동시에 넓은 면적을 펠팅하기 때문에 다른 바늘들보다 고르게 펠팅하기 좋아 저는 인형의 표면 정리 용도와 색을 입히는 용도로 사용하곤 합니다.

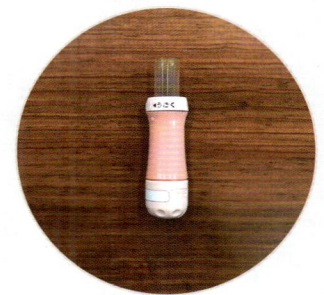

작업 매트

모든 양모펠트 작업은 기본적으로 작업 매트 위에서 한다고 생각하시면 됩니다. 바늘은 매우 약하고 부러지기 쉽고 날카롭기 때문에 양모를 손에 쥔 채로 펠팅하는 것은 위험합니다. 보통 펠팅하고자 하는 양모의 두께보다 바늘이 깊이 들어갈 때가 많기 때문에 최소한 높이 3cm 이상의 작업 매트를 사용하며 바늘이 들어가도 바늘이 부러지지 않는 매트 위에서 작업합니다. 아래는 제가 주로 쓰는 작업 매트의 특징을 정리해 봤습니다.

스펀지 작업 매트

스펀지는 양모펠트를 할 때 가장 가성비가 좋은 작업 매트입니다. 양모펠트를 위한 스펀지를 고를 때는 밀도가 높은 스펀지를 사용해야 실 끼임을 최소화할 수 있습니다. 다른 작업 매트를 사용하더라도 얇고 평평한 개체를 만들기 가장 용이해 꼭 필요하므로 막 시작하는 분들의 작업 매트로 추천합니다. 아무리 단단한 스펀지 매트도 금새 판이 꺼지는데 판 꺼짐 현상이 일어났을 때는 정교함이 떨어지기 때문에 앞뒤 면을 골고루 사용하고 교체합니다. 안전하게 5cm 정도의 스펀지 매트를 사용하는 것이 좋습니다.

황마파우치 작업 매트

제가 주로 쓰는 작업 매트는 황마파우치 작업 매트입니다. 유튜브를 하니 미관을 위해서 고민하다가 만들어 사용했었는데 실 끼임이 잘 보이지 않고 안쪽에 쌀과 같은 곡물을 넣으면 판 꺼짐 현상이 없어 꽤 오래도록 매트 교체 없이 사용 가능합니다. 꺼짐 현상은 없지만 펠팅할수록 닿은 면적의 실이 헤지기 때문에 천이 닳아 얇아졌을 때 교체합니다.

양모

베이스 울

베이스 울은 안쪽에 뼈대를 잡을 수 있는 저렴한 모든 양모를 말하지만 양모펠트 인형 전용 베이스 울도 있습니다. 용도는 같지만 양모펠트용 베이스 울은 섬유가 짧고 거칠어 펠팅 시 조금 더 빠르게 뭉쳐지는 특징을 가지고 있습니다. 빠르고 단단하게 뭉쳐지기 때문에 인형의 토대를 만들기 용이합니다. 또한 베이스 울을 사용할 때는 색상 양모를 겉에 입히기만 하면 되므로 색상 양모를 아끼는 효과도 있습니다.

하마나카 솔리드 울

솔리드 울은 단색 양모를 뜻합니다. 보통 메리노 솔리드 울이 가장 흔하게 쓰이는데 하마나카사의 솔리드 울을 소개하는 이유는 좀 더 인형에 특화되어 만들어진 양모이기 때문입니다. 흔히 구할 수 있는 메리노 솔리드 울보다 조금 굵고 거친 편으로 펠팅 시 더 잘 엉켜 작품을 만들 때 표면이 비교적 깔끔한 양모입니다.

메리노 솔리드 울

부드럽고 품질 좋은 양모입니다. 만져 보면 모가 얇고 부드러우며 솜털 같은 것이 특징입니다. 피부에 많이 닿는 제품을 만들 때 좋지만, 너무 부드러워 펠팅되는 시간이 길며 작품을 다 만들었을 때 보송보송해서 내구성이 비교적 약합니다. 저는 특별한 경우를 제외하고는 거친 양모를 씁니다.

내추럴 울

두세 가지 색상의 짧은 털로 이루어진 양모가 자유분방하게 섞인 것을 말합니다. 보통 고양이나 강아지 같은 실제 동물 양모 인형을 만들 때 주로 쓰입니다. 하지만 색상이 다양하게 나와 있지 않아서 필요한 내추럴 양모가 없다면 직접 원하는 색을 섞어 사용하는 방법이 있습니다.

리얼 양모

제가 동물 인형을 만들 때 가장 선호하는 양모는 하마나카사의 식모용 양모입니다. 우리나라에 판매될 때 흔히 리얼 양모라는 명칭으로 판매되어 리얼 양모로 불립니다. 다른 양모보다 비싸지만 긴 털 또는 곱슬 털을 심을 때 색상과 결이 실제 동물과 가장 흡사한 퀄리티를 자랑합니다. 단순히 색을 입히는 용도로 사용하기보다는 털을 표현할 때 심어서 사용하는 양모입니다.

Ready
• 02 •
그 밖의 도구와 부재료

수성펜(의류용)

섬유에 밑그림을 그릴 때는 의류용 수성펜과 기화성 펜 또는 초크를 씁니다. 양모 인형의 경우 정교하게 밑그림을 그릴 수 있는 수성펜을 추천합니다. 기화성 펜은 색이 금방 날아가기 때문에 작업 도중 밑그림이 날아가 당황스러운 순간이 올 수 있습니다. 수성펜은 물을 아주 소량만 뿌려도 지워집니다.

송곳

송곳은 일반적인 송곳을 사용합니다. 눈과 코 부자재가 들어갈 구멍을 만들 때 씁니다.

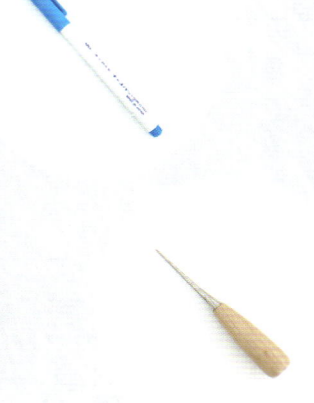

🔘 수공예 가위

가위는 큰 가위가 아닌 얇고 끝이 뾰족한 짧은 수공예 가위를 사용합니다. 보통 눈구멍과 코 구멍을 뚫을 때 작고 섬세한 부분을 자르는 용도로 사용하며, 되도록 가윗날이 얇은 것이 좋습니다. 또한 동물 털을 다듬을 때도 사용합니다.

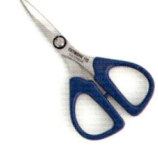

🔘 수공예 본드

접착제로는 수공예 본드를 사용합니다. 간혹 빠르게 붙이기 위해 강력 접착제나 글루건을 쓸 때도 있지만 보통 양모 인형을 만들 때는 실의 엉킴으로 붙이는 경우가 많기 때문에 붙는 데 시간이 조금 오래 걸리더라도 실수했을 시 수정이 가능한 수공예 본드를 사용하는 것이 좋습니다. 흔하게 구할 수 있는 목공용 본드를 사용해도 좋습니다.

🔘 평집게

흔히 액세서리를 만들 때 쓰이는 평집게입니다. 꽃철사와 같은 여린 철사를 구부리는 데 사용하므로 크거나 무거울 필요 없이 작을수록 좋습니다.

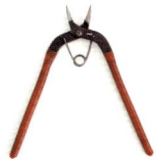

🔘 미니 니퍼

인형의 뼈대를 만들 때 사용한 철사를 자를 때는 주얼리용 미니 니퍼를 사용합니다. 간혹 가위를 사용하기도 하지만 아무래도 가윗날이 쉽게 상할 수 있으므로 저렴하고 작은 니퍼를 준비하는 것이 좋습니다.

🔘 인형 눈(솔리드, 크리스탈)

양모 인형을 만들 때는 눈 뒤쪽에 심이 길게 나와 있는 눈을 사용합니다. 실로 연결하는 것이 아니라 양모 인형에 못처럼 박아 본드로 연결하는 것이라 눈 제품에는 따로 구멍이 없습니다. 제가 쓰는 눈에는 솔리드 검정 눈과 크리스탈 눈이 있습니다. 단색(주로 검정) 눈인 솔리드 눈은 캐릭터나 아기 동물을 만들 때 주로 쓰이고 크리스탈 눈은 실제 동물 눈처럼 동공이 있어 정교한 동물, 특히 강아지와 고양이를 만들 때 쓰입니다.

인형 코(삼각코, 사각코)

인형 코는 보통 양모로 모양을 내기도 하지만 실제 동물의 코 모양을 붙이는 게 더욱 쉽게 퀄리티를 높일 수 있습니다. 삼각코와 사각코가 있는데 강아지를 만들 때는 실사와 비슷한 느낌이 들게 사각코를 사용하는 편이며 캐릭터 같은 인형을 만들 때는 삼각코를 사용하는 편입니다.

뼈대 – 꽃철사

꽃철사는 꽃다발을 묶을 때 주로 쓰는 것으로 알려진, 초록 종이 테이프가 감싸져 있는 철사입니다. 두께는 매우 얇은 것부터 두꺼운 것까지 다양한데 보통 저는 매우 얇은 개체를 만들 때 꽃철사를 꼬아서 다리나 손과 같은 뼈대에 가볍게 쓰기 때문에 되도록 얇은 꽃철사를 준비합니다.

뼈대 – 펠트철사

공예용 철사입니다. 인형의 뼈대를 만들 때도 쓰이고 이 철사 자체로 꾸미기도 합니다. 이 철사는 철사 주변에 실이 붙어 있기 때문에 양모를 감을 때 더 쉽게 고정이 됩니다. 그래서 주로 몸통과 같이 두꺼운 인형의 토대를 잡을 때 뼈대로 쓰이는 철사입니다.

코코펠트 http://smartstore.naver.com/cocofelt

양모 인형을 만드는 알짜 재료만 판매하는 양모 인형 전문 몰입니다. 제가 별도로 만들어 판매하는 키트도 이곳에서 살 수 있습니다. 양모 인형에만 특화되어 있어 재료를 고르기에 좋습니다.

스튜디오 분트 https://smartstore.naver.com/studiobunt

각종 양모 관련 제품을 판매하는 곳입니다. 가장 큰 장점은 DIY가 가능한 인형 눈을 판매한다는 점입니다. 원하는 인형 눈을 찾을 수 없을 때 이곳에서 유리 눈 만들기 재료를 구매할 수 있습니다.

태양이네 http://www.etaeyang.com

양모펠트 재료를 비롯하여 다양한 펠트지도 같이 판매합니다. 외국의 양모 인형 만들기 책들을 볼 수 있으며, 인형을 만드는 소품(모자 방울 등)을 다양하게 구경하고 구매할 수 있습니다.

zzum's lesson

쭘언니의 귀여운 동물 양모펠트

- **Practice 01** 양모 다루기
- **Practice 02** 기초 기법 연습(곰 인형)
- **Practice 03** 색 입히기와 무늬 넣기(고양이 브로치)
- **Practice 04** 뼈대 사용하기(심플 양)

Part 02

양모펠트의 기본 기법과 기초 연습

Practice 01
양모 다루기

양모펠트에 들어가기 앞서 가장 기초는 양모 나누기, 펠팅하기입니다.
양모 나누기는 흔히 실을 자르듯 가위로 자른다고 생각하실 수 있지만 양모는 가로로 자른 면이 펠팅하기 어려워지는 특징을 가지고 있습니다. 그래서 가위를 사용해서 양모를 자르기보다는 손으로 뜯는 편입니다.
이 책은 도안을 제공하므로 도안 크기에 맞춰 양모를 나누고 펠팅하여 양모 볼을 만들면서 양모의 기본을 배워 보려 합니다.
도안이 필요 없는 작업을 하실 때는 양모 나누는 부분부터 참고하여 주시면 됩니다.

준비물 도안(216p 오목눈이 '몸통 베이스' 활용), 양모 10g, 작업판, 1구바늘, 3구바늘, 5구바늘

❶ 도안에 맞춰 가늠하기

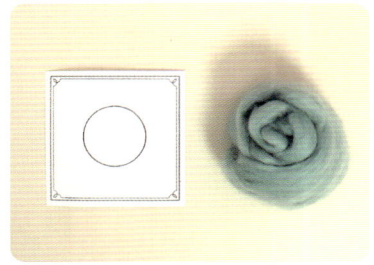
1 도안과 함께 펠팅할 양모를 준비합니다. 크기 가늠을 위한 것이니 원하는 동물 도안지를 이용해도 됩니다.

2 양모를 펼친 다음 손에 힘을 주어 말아줍니다. 이때 엉키지 않게 조심합니다.

3 단단하게 말아 놓은 부분을 도안에 얹어 도안과 비슷하거나 조금 커 보인다면 도안에 필요한 양입니다.

4 도안에 필요한 만큼을 손가락으로 눌러 흐트러지지 않게 합니다.

5 누른 손가락이 움직이지 않게 고정시키고 천천히 펼칩니다.

6 다 펼치고 손가락으로 표시한 부분을 놓치지 마세요.

❷ 양모 나누기

 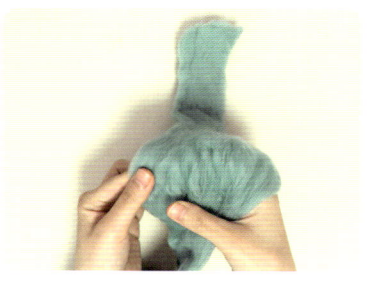 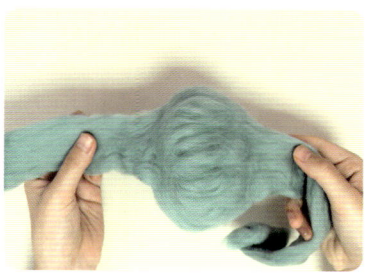

1 손가락으로 누른 부분의 양모를 조금씩 잡아 넓고 얇게 펼칩니다.

2 나누고자 하는 부분을 펼치면 양쪽 양모도 넓게 펼쳐지는 것이 정상입니다.

3 사진처럼 펼칠 수 있는 만큼 최대로 펼칩니다.

  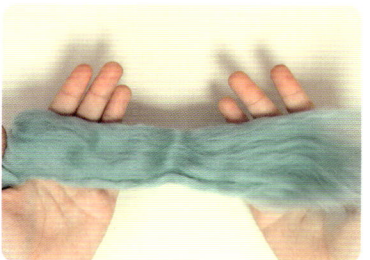

4 양모의 양쪽을 꽉 잡습니다. 이때 펼쳐 놓은 부분에 너무 가깝게 잡지 않도록 주의합니다.

5 강하게 당겨서 뜯습니다.

6 원하는 양의 양모입니다.

❸ 양모 동그랗게 말기

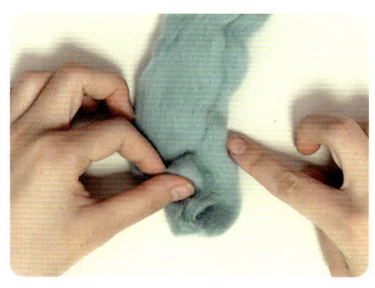 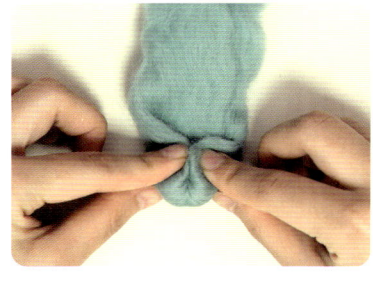 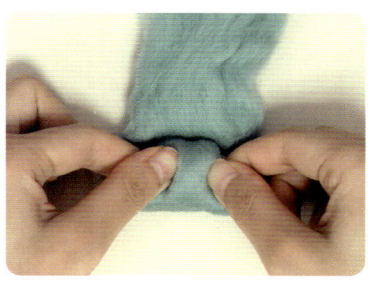

1 양모를 펠팅하기 전에 어느 정도 모양을 잡아 말아야 하는데 이때 단단하게 말아야 펠팅 시간이 줄어듭니다.

2 손가락에 힘을 주어 양 옆으로 접습니다.

3 손가락의 힘을 풀지 않은 상태로 접은 양모를 돌려서 맙니다.

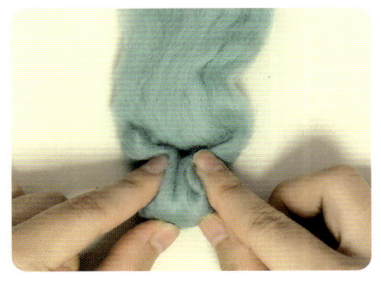

4 계속해서 옆으로 가볍게 흐트러진 부분을 안쪽으로 단단하게 접습니다.

5 접은 손가락에 힘을 풀지 않은 상태로 다시 돌려 맙니다. 이 과정을 전부 말아질 때까지 반복합니다.

6 끝까지 힘을 풀지 않고 단단하게 말아 최대한 원형으로 잡습니다.

❹ 펠팅하기

1 양모를 말아 쥔 손에 힘을 빼지 않고 작업 매트 위에서 1구바늘로 찌릅니다.

2 양모를 움켜쥔 손에 힘을 풀었을 때 양모의 모양이 고정된다면 손에 힘을 풀고 모든 면을 굴려 가며 골고루 펠팅합니다.

3 집게손가락으로 눌렀을 때 너무 말랑하지 않을 정도로 1구바늘로 충분히 펠팅합니다.

4 이제 3구바늘로 찔러 더욱 단단한 양모 볼을 만듭니다. 3번에서 너무 말랑하거나 펠팅 면이 균일하지 않으면 이 과정에서 양모 볼이 찌그러집니다.

5 3구바늘로 펠팅을 했다면 양모볼 표면에 자글자글한 부분이 생깁니다. 3구바늘을 사용하지 않고 1구바늘만 사용해서 여기까지 왔다면 시간은 오래 걸리지만 이 표면 구겨짐이 덜합니다.

6 같은 색상의 양모를 최대한 작게 뜯습니다.

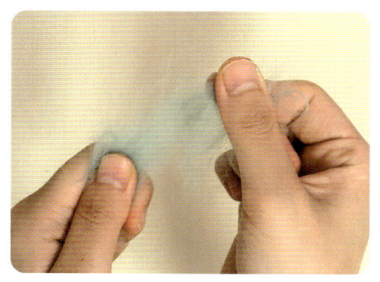

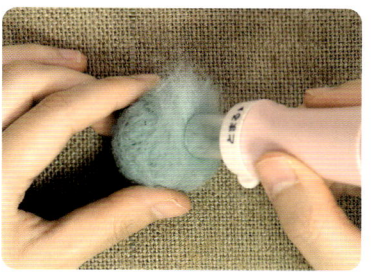

7 최대한 작게 뜬 양모를 양손으로 잡고 여러 번 잘게 뜯습니다.

8 잘게 뜯은 양모를 신경 쓰이는 표면에 얇게 올립니다. 도안에 대 보고 도안보다 작다면 **7**번의 양모를 더 두껍게 올립니다.

9 올려놓은 부위에 5구바늘로 살살 튕기듯 펠팅하여 표면을 보정합니다.

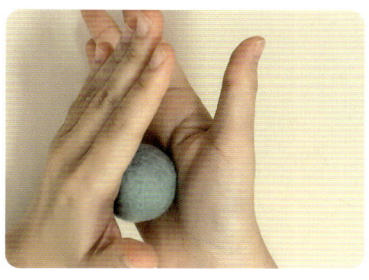

10 펠팅 면의 구겨짐이 잘 가려졌다면 완성입니다. 보슬보슬 올라온 실가닥들이 신경 쓰인다면 1구바늘로 살살 찔러 넣으면 됩니다.

11 혹시 양모 볼이 살짝 찌그러져 보인다면 손으로 신경 써서 굴리면 표면도 깔끔해지고 더욱 동그래집니다.

12 양모 볼 완성입니다.

Practice 02

기초 기법 연습(곰 인형)

실물 크기
도안
209쪽

이번에는 도안에 맞춰 곰 인형을 만들어 보면서 가장 기초적인 모양과
펠팅 방법에 대해 설명하도록 하겠습니다.
곰 인형 만들기에서 쓰이는 도안은 정확히 따라하기보다 비율만 맞추는 정도로 참고하여
따라하는 데 어렵지 않도록 합니다.

준비물 도안, 아이보리색 양모, 진한 고동색 양모, 분홍색 양모, 작업 매트, 6mm 검정 솔리드 눈, 레이스 끈(선택), 분홍 파스텔 또는 블러셔

❶ 도안에 맞춰 얼굴 만들기

※ PART 2.1 양모 다루기
(1) 도안에 맞춰 가늠하기 참고

1 아이보리색 양모를 얼굴을 만들 만큼 뜯습니다.

2 강하게 맙니다. 이때 얼굴은 약간 타원형이 되도록 신경 써서 맙니다.

3 작업 매트 위에서 1구바늘로 펠팅 하여 모양을 고정시킵니다.

4 도안 '머리'에 맞춰 보면서 3구바늘 로 더 단단하게 펠팅합니다.

5 머리 표면에 신경 쓰이는 부분이 있을 수 있습니다.

※ PART 2.1 양모 다루기
(4) 펠팅하기 참고

6 아이보리색 양모를 잘게 찢어 신 경 쓰이는 부분에 얇게 덮습니다.

7 5구바늘로 팅기듯 펠팅하여 구겨진 면을 없앱니다. 만약 도안보다 작게 만들어졌다면 잘게 찢은 양모를 도안에 맞게 덧붙입니다.

8 눈이 들어갈 부분을 표시하기 위해 3구바늘로 여러 번 찔러 움푹 들어가게 합니다.

9 주둥이를 만들기 위해 아이보리색 양모를 작게 맙니다.

10 1구바늘로 양모가 풀어지지 않을 정도로만 펠팅하여 고정시킵니다.

11 고정된 주둥이는 만들어 놓은 얼굴 위에서 모양을 잡으면서 펠팅할 것입니다.

12 만들어 놓은 얼굴의 눈과 눈 사이 바로 아래쪽에 주둥이를 위치시킵니다.

13 1구바늘로 얼굴과 주둥이를 찔러서 이어 붙입니다. 이때 도안과 비교하며 모양을 잡고, 주둥이가 너무 작거나 구겨진 면이 생기면 양모를 얇게 덧대어 보정합니다.

❷ 눈 붙이기

1 부러진 1구바늘 또는 송곳으로 눈이 들어갈 구멍을 뚫습니다.

TIP 작은 구멍은 부러진 1구바늘이 좋고 큰 구멍은 송곳이 좋습니다. 저는 심이 얇은 눈구멍을 뚫을 때는 주로 부러진 1구바늘을 사용하며, 심이 두꺼운 코 구멍을 뚫을 때는 주로 송곳을 씁니다.

2 6mm 검정 솔리드 눈을 구멍에 넣습니다.

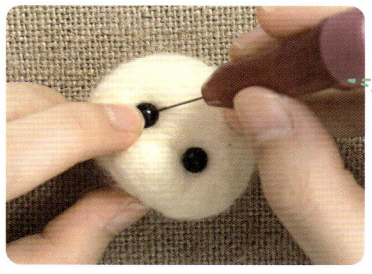

3 눈을 손가락으로 누른 상태에서 눈의 가장자리를 모두 찔러 들어가게 합니다.

TIP 이렇게 눈을 넣은 후 가장자리를 찔러 눈을 더 들어가게 해 주면 눈도 어느 정도 고정되고 밀착되어 더 자연스러워집니다.

4 저는 차후에 인형 보수 작업을 위해 본드로 인형 눈을 고정시키지 않는 편입니다. 구멍이 너무 크게 뚫어져 눈이 자꾸 빠진다면 목공용 본드로 고정하는 것이 좋습니다.

❸ 귀 만들기

※ PART 2.1 양모 다루기
(4) 펠팅하기 참고

1 아이보리색 양모를 얇고 잘게 찢습니다.

2 작업 매트 위에 양모를 얇게 깔고 5구바늘로 펠팅합니다.

3 너무 많이 펠팅하면 작업 매트에 심어질 수 있으니 위 사진처럼 보일 정도로 살짝만 펠팅합니다.

4 도안 '귀'를 참고하여 귀 모양으로 접습니다. 귀와 얼굴이 연결될 부분은 접지 않습니다.

5 이번에도 접힌 면이 고정될 정도만 5구바늘로 펠팅합니다. 귀가 너무 두껍지 않게 적당히 펠팅합니다.

6 뒤집어서 다시 펠팅합니다. 어느 정도 단단해질 때까지 합니다.

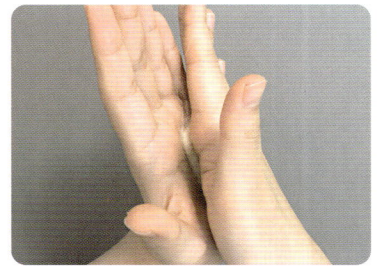

7 단단해졌다면 정리되지 않는 표면은 손의 열로 비빕니다. 표면 잔털이 가라앉습니다.

8 여기까지 했다면 표면은 모두 정리되었지만 귀의 가장자리는 정리되지 않았을 것입니다.

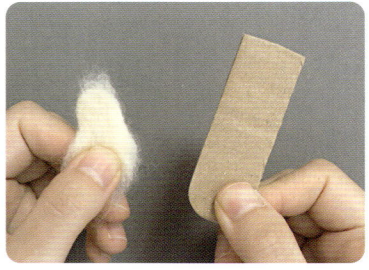

9 두꺼운 종이나 박스를 귀보다 조금 크게 잘라 준비합니다.

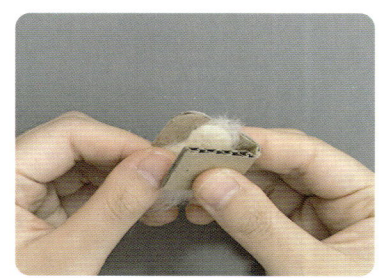

10 두꺼운 종이로 귀를 잡듯이 접습니다.

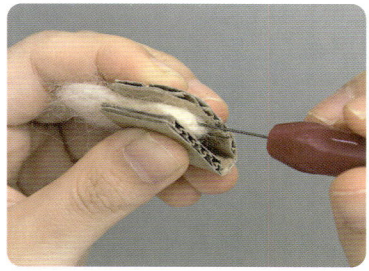

11 1구바늘로 가장자리를 살살 찔러 정리합니다.

12 귀가 만들어졌습니다. **1~11**번 과정을 반복하여 1개 더 만듭니다.

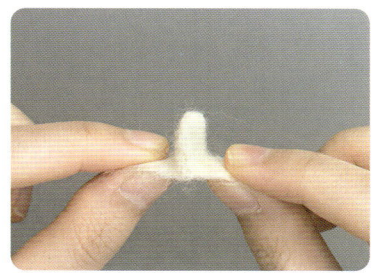

13 귀에서 얼굴과 닿을 부분을 손으로 펼칩니다.

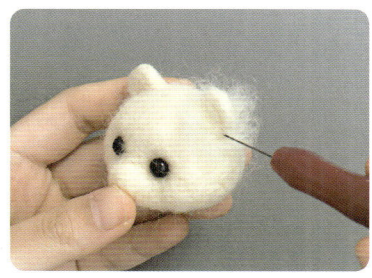

14 귀의 위치는 도안 '조립 예시'를 참고하여 붙입니다.

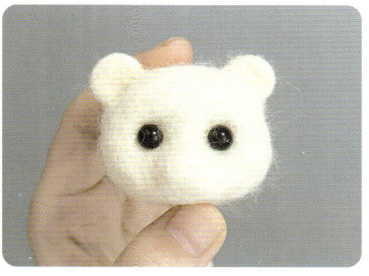

15 귀를 붙일 때는 대칭이 맞게 신경 씁니다.

❹ 얼굴 그리기

1 진한 고동색 양모를 아주 조금만 뜯습니다.

2 손가락으로 돌돌 맙니다.

3 주둥이의 가장 윗부분에 만 양모를 1구바늘로 한곳만 여러 번 찔러 고정시킵니다. 그다음 모양을 만들면서 나머지 부분들도 고정시킵니다.

4 코 끝부터 아래로 2mm 정도까지 선을 긋는다는 생각으로 1구바늘로 찔러 선을 새깁니다.

5 똑같은 방법으로 입 모양을 새깁니다. 연습한다는 생각으로 원하는 입 모양을 자유롭게 만들어도 됩니다.

6 분홍색 양모를 조금 넣어 웃고 있는 입을 만들어도 됩니다.

❺ 몸통 붙이기

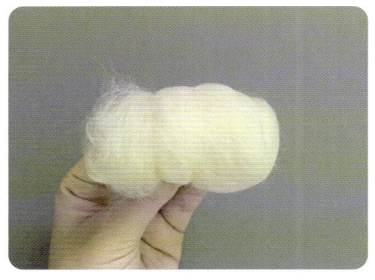

1 도안에 맞춰 몸통만큼 양모를 뜯어 맙니다. 만들어 놓은 얼굴이 도안보다 크거나 작다면 몸통 또한 그만큼 크거나 작게 조절합니다.

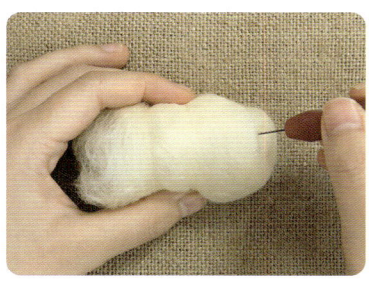

2 1구바늘로 얼굴과 연결될 목 부분을 제외한 몸통 부분을 찔러 단단하게 고정시킵니다. 이때 목 부분은 펠팅을 하지 않고 풀어진 채로 놔둡니다.

3 모양이 어느 정도 나왔다면 3구바늘로 찔러 더 단단하게 만듭니다. 몸통의 가장 아랫부분은 비교적 판판하도록 신경 써서 찌릅니다.

4 1구바늘로 몸통 저면에 울퉁불퉁한 면이 없도록 정리합니다.

5 몸통이 만들어졌습니다. 너무 작게 만들어졌다면 양모를 덧대어 크기를 맞춥니다.

6 얼굴과 몸통을 맞춰 보며 위치를 잡습니다. 원하는 포즈에 맞게 연결시켜도 됩니다.

7 목쪽의 펠팅이 되지 않은 부분을 얼굴 아랫쪽에 펠팅해 연결합니다. 연결을 위해 찌르는 방향은 목→얼굴 방향입니다.

8 단단하게 고정이 되었을 때 양모에 구겨진 면이 있다면 같은 색상 양모를 덮어 보정합니다.

9 보정할 면적이 좁기 때문에 5구바늘이 아닌 1구바늘로 바늘 전체가 들어가지 않게 팅기듯 살살 여러 번 찔러 덮습니다.

10 얼굴과 몸통까지 만들었습니다.

❻ 팔다리 붙이기

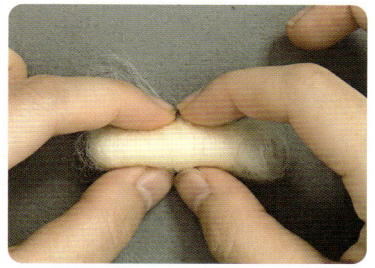

1 도안에 맞춰 팔과 다리만큼 양모를 뜯어 맙니다. 팔보다는 다리 먼저 만드는 것이 편하며, 처음부터 단단하게 말아야 쉽습니다.

2 팔과 다리는 1구바늘만으로 만듭니다. 작업 매트 위에서 돌려가면서 찌르되 발바닥 부분은 단단하지 않게 펠팅합니다. 몸통과 연결될 부분은 펠팅하지 않습니다.

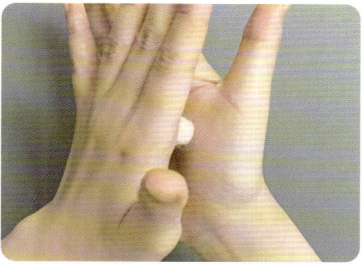

3 어느 정도 단단해졌다면 표면에 삐쭉 나온 실들이 있을 것입니다. 양손으로 돌돌 돌려 손의 열을 이용해 표면을 정리합니다.

4 3번에서 단단하지 않게 펠팅된 바닥 부분을 작업 매트에 대고 물레 돌리듯이 돌리면서 바닥면이 평평해질 때까지 여러 번 찌릅니다.

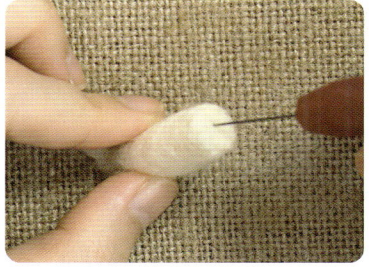

5 작업 매트와 다리를 분리시키고 다리 바닥 면을 1구바늘로 찔러 더 판판하게 정리합니다.

6 같은 방법으로 팔과 다리를 전부 만듭니다.

7 몸통에 다리를 먼저 연결합니다. 이때 몸통 정면과 다리가 수직을 이루도록 하여 바닥에 제대로 앉혀지는지 확인하며 작업합니다. 취향에 따라 서 있는 곰돌이를 만들어도 됩니다.

8 다리에 맞춰 팔을 연결합니다.

9 곰돌이가 완성됐습니다!

❼ 데코하기

  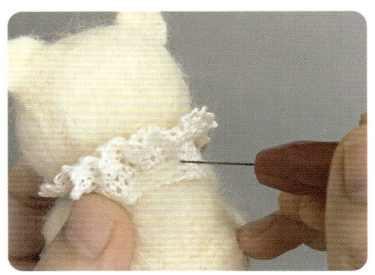

1 분홍색 파스텔 또는 블러셔를 갈아 면봉에 듬뿍 묻힙니다. 귀 안쪽과 양 볼을 면봉으로 살살 문질러 색을 입힙니다.

2 레이스 끈을 곰돌이 목에 두릅니다. 원하는 끈을 둘러도 됩니다.

3 뒤쪽에 양모를 덧대고 찔러 끈을 고정시킵니다. 이때 고정시키는 양모로는 끈과 이질감이 나지 않는 색상을 사용합니다.

완성

32 양모펠트 동물 인형

고양이 브로치

Practice
• 03 •
색 입히기와 무늬 넣기 (고양이 브로치)

실물 크기
도안
209쪽

이번 기본 기법에서는 도안에 맞춰 고양이 얼굴을 만들어 보면서 베이스 울을 사용해 보고,
바닥면이 납작한 개체를 연습해 보고, 동물의 얼굴을 만들어 보는 시간을 가집니다.
또한 색깔을 입히고 무늬를 넣어 보기도 하며 다양한 디테일에 대한 연습을 해 보려고 합니다.
역시나 도안을 정확히 따라하다가 스트레스 받지 마시고, 양모와 도구와 친해진다는 생각으로 따라와 주세요.
가장 좋은 것은 도안과 같은 작품이 아닌 도안을 참고하여 본인의 작품을 만드는 것입니다.

※이번 과정을 참고하여 무늬와 색상이 다른 고양이를 만드셔도 됩니다.

준비물 도안, 베이스 울, 흰색 양모, 황갈색 양모, 갈색 양모, 연분홍색 양모, 5mm 검정 솔리드 눈, 브로치 부속품, 실, 바늘

❶ 도안에 맞춰 얼굴 만들기

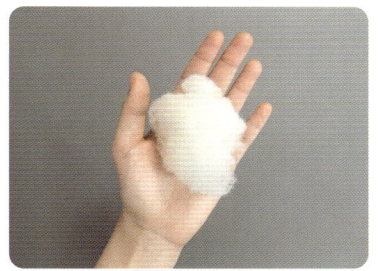
1 도안 크기 정도의 얼굴을 만들 수 있을 만큼의 베이스 울을 준비합니다.

2 베이스 울을 작업 매트 위에서 동그랗게 말아 잡습니다.

3 1구바늘로 찔러 펠팅합니다. 손에 힘을 뺐을 때 도안과 비슷한 모양으로 고정이 될 때까지 펠팅합니다.

4 얼굴의 바닥면을 작업 매트에 고정시킨 채로 시계 방향으로 돌려 가며 펠팅하면 이렇게 바닥면이 납작하게 만들어집니다.

5 얼굴 색을 입힐 흰색 양모를 조금 뜯어 준비합니다.

6 양모를 최대한 잘게 찢습니다.

7 얼굴 면에 전체적으로 얇게 덮습니다.

8 5구바늘로 튕기듯 여러 번 찔러 보드랍게 색을 입힙니다. 이때 도안과 비교하면서 모양을 제대로 잡습니다.

9 얼굴을 칠하고 남은 부분은 바닥 면 쪽으로 펠팅해 정리합니다.

❷ 눈, 코, 입 만들기

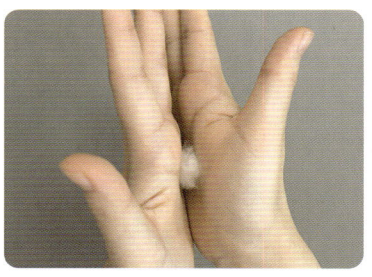

1 얼굴에 사용한 흰색 양모를 조금 뜯어 1cm 정도 되게 돌돌 맙니다.

2 손으로 돌돌 비비면 약간 고정이 됩니다. 2개를 만듭니다.

3 만든 얼굴 위에 도안을 참고하여 모양을 잡으며 펠팅합니다.

4 아래쪽 입은 양모를 더 작게 말아 붙입니다.

5 3구바늘로 눈이 들어갈 부분을 찔러 움푹 들어가게 합니다.

6 부러진 1구바늘 또는 송곳으로 눈이 들어갈 구멍을 만듭니다.

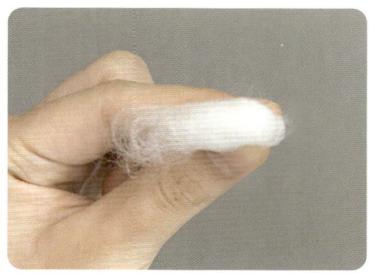

7 5mm 검정 솔리드 눈을 양쪽에 넣어 붙입니다.

8 두 눈을 전부 붙였습니다.

9 도안 '코'를 참고하여 흰색 양모를 돌돌 맙니다.

10 작업 매트 위에서 어느 정도 모양을 고정시킵니다. 이때 접합면 한쪽은 펠팅하지 않습니다.

11 얼굴 위 적당한 위치에 올리고 1구바늘로 펠팅해 고정시키며 모양을 더 잡습니다.

12 주둥이와 코 중 크기가 부족한 부분이 있다면 양모를 조금 덧대어 모양을 잡으면 완성입니다. 원하는 모양이 나왔다면 다음으로 넘어가도 됩니다.

❸ 얼굴 디테일 만들기

1 색을 입힐 황갈색 양모를 조금 뜯습니다.

2 잘게 찢습니다. 색을 입히는 양모는 최대한 잘게 찢어야 자연스럽습니다.

3 작업 매트 위에 양모를 얇게 펼쳐 5구바늘로 여러 번 뒤집으며 찌릅니다. 보다 빠르게 삭을 입히기 위함입니다.

4 얼굴에서 색이 있어야 되는 부분을 모두 덮고 1구바늘로 튕기듯 찔러 색을 입힙니다.

5 원하는 무늬가 있다면 다르게 색을 입혀도 됩니다. 다만 다음 과정을 위해서 눈두덩이는 꼭 사진과 같이 덮습니다.

6 눈두덩이를 만들겠습니다. 먼저 눈 앞머리를 여러 번 찌릅니다.

7 눈꼬리 위치도 찔러 잡은 후 눈 앞머리부터 눈꼬리까지 일자로 그어 눈구멍을 만듭니다.

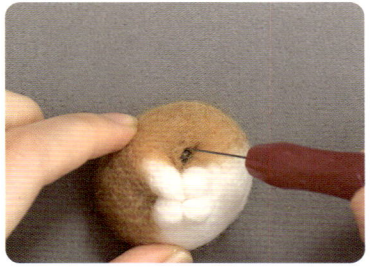

8 눈구멍의 위를 찔러 눈두덩이의 모양을 만듭니다.

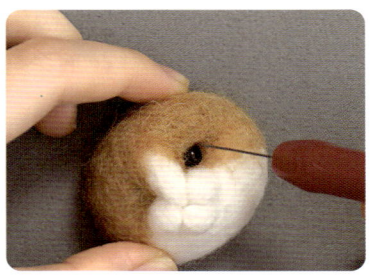

9 눈꼬리까지 모양을 잡습니다.

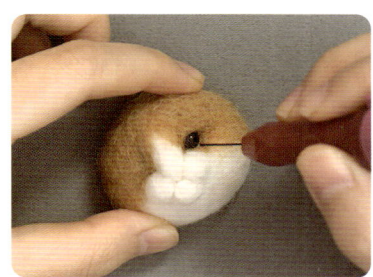

10 눈 아래쪽도 찔러 눈과 볼살의 경계를 확실하게 만듭니다.

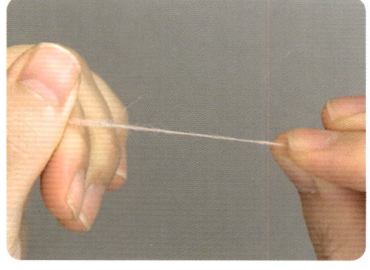

11 연분홍색 양모를 얇게 찢은 다음 검지손가락으로 돌려 말아 잡습니다.

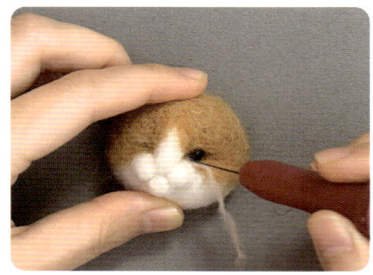

12 실처럼 잡아 쥔 양모 끝을 눈 앞머리에 찔러 붙입니다.

13 눈 아래쪽 가장자리를 둘러 가며 심습니다.

14 반대편 눈도 똑같이 만듭니다.

15 분홍색 양모를 아주 조금 뜯습니다.

16 고양이 코 부분에 얇게 올리고 1구바늘로 살살 찔러 색을 입힙니다. 파스텔이나 블러셔로 색을 칠해도 됩니다.

④ 귀 만들어 붙이기

1 황갈색 양모를 귀를 만들 만큼 뜯습니다.

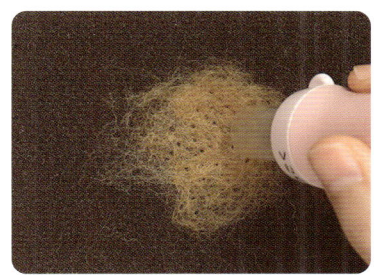

2 작업 매트 위에 얇게 올린 후 5구바늘로 여러 번 찌릅니다.

3 수시로 뒤집으면서 찔러야 작업 매트가 양모를 먹는 것을 방지할 수 있습니다.

4 최대한 여러 번 뒤집어 가면서 찔러 얇지만 단단하게 펠팅합니다.

5 어느 정도 펠팅이 됐으면 도안 '귀'를 참고하여 모양에 맞게 접습니다.

6 1구바늘로 살살 찔러 귀 모양을 고정시킵니다. 이때도 자주 뒤집으면서 펠팅합니다.

TIP 작업 매트 위에 양모를 얇게 펼쳐 5구바늘로 찌르다 보면 많은 양의 양모가 작업 매트에 심어져 붙는 상황이 발생합니다. 때문에 얇은 개체를 만들 때는 얕게 적은 횟수로 양모를 찌른 후 뒤집어 찌르기를 여러 번 반복해서 단단하게 펠팅되도록 해야 합니다. 또한 뒤집을 때 손바닥 열을 이용해 표면을 문지르면 더욱 빠르게 펠팅이 가능합니다.

7 같은 모양으로 하나 더 만들어 두 귀를 준비합니다.

8 귀를 접습니다.

9 도안 '조립 예시'를 참고하여 머리 위에 귀를 붙입니다. 이제 거의 완성되었습니다.

❺ 무늬 그리기

1 갈색 양모를 얇게 뜯습니다.

2 1구바늘로 살살 찔러 줄무늬 위치를 잡습니다.

3 원하는 모양과 개수대로 줄무늬를 그립니다.

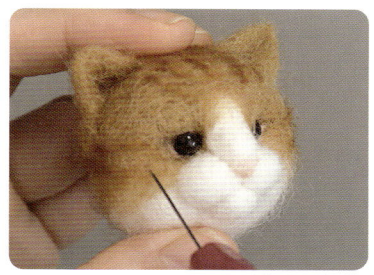

4 이때 너무 세게 찌르지 말고 위치만 잡는다는 느낌으로 대충 고정시킵니다.

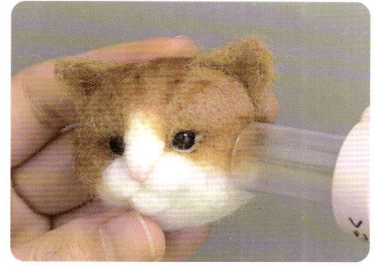

5 위치를 다 잡았다면 5구바늘로 팅기듯 찔러 균일하게 펠팅합니다. 이렇게 하면 무늬가 자연스럽게 입혀집니다.

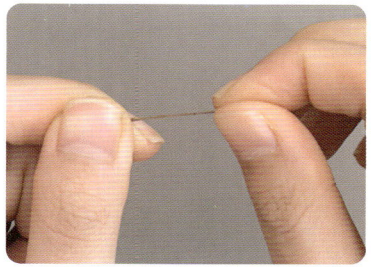

6 갈색 양모를 또 얇게 뜯어 이번엔 얇게 돌려 맙니다.

7 입 부분에 심어서 더 선명하게 그립니다.

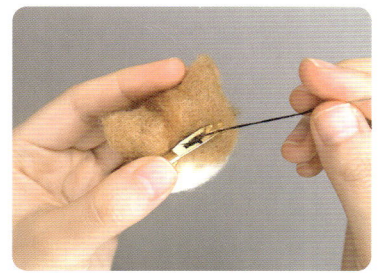

8 고양이 얼굴의 뒤쪽 바닥면에 브로치 핀을 연결합니다.

완성

Practice
· 04 ·
뼈대 사용하기 (심플 양)

실물 크기
도안
210쪽

기초 마지막으로는 간단한 양을 만들어 보는 걸로 마무리하려고 해요!
양 만들기를 통해서 뼈대 작업에 쓰이는 꽃철사의 사용법과 곱슬 양모의 펠팅법을 알려드리려고 합니다.
응용하면 각종 곱슬 털 동물들을 만들어 볼 수 있을 거예요.

준비물 도안, 베이스 울, 검정색 양모, 흰색 웨이브 양모(리얼 양모), 꽃철사(지철사), 니퍼, 평집게

❶ 양 베이스 만들기

1 도안 '몸통'을 참고하여 몸통을 만들 수 있을 만큼의 베이스 울을 움켜쥡니다.

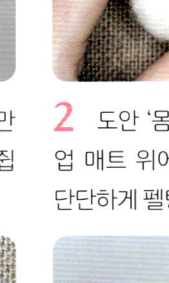

2 도안 '몸통'의 모양을 참고하여 작업 매트 위에서 1구바늘과 3구바늘로 단단하게 펠팅합니다.

3 도안 '머리'를 참고하여 머리를 만들 만큼 검정색 양모를 강하게 말아 쥡니다.

4 작업 매트 위에서 1구바늘로 펠팅합니다. 이때 몸통과 연결될 목 부분은 펠팅하지 않습니다.

5 '머리' 도안의 '상면', 위에서 본 모습입니다.

6 '머리' 도안의 '측면', 옆에서 본 모습입니다.

7 펠팅되지 않은 목 부분을 집게손가락으로 잡아 최대한 넓게 펼칩니다.

8 머리를 만들어 놓은 몸통 위에 얹고 1구바늘로 펠팅하여 붙입니다.

9 옆모습을 사진과 비교해 위치와 형태가 맞는지 확인합니다.

❷ 다리 만들기

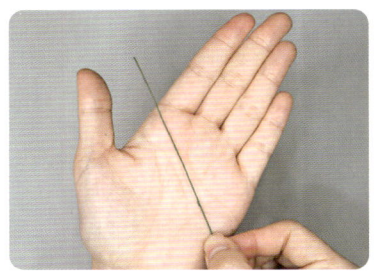

1 꽃철사(지철사)를 준비합니다.

2 5cm 정도 접어 X자로 교차시킵니다.

3 철사가 접혀 만들어진 고리 부분을 손 또는 평집게로 잡고 Y자로 여러 번 꼽니다.

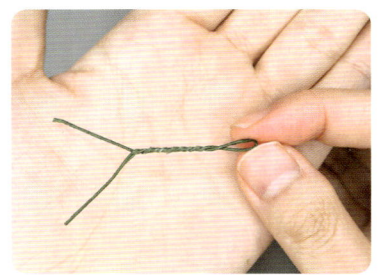

4 3cm 정도 꼬아졌을 때 멈춥니다.

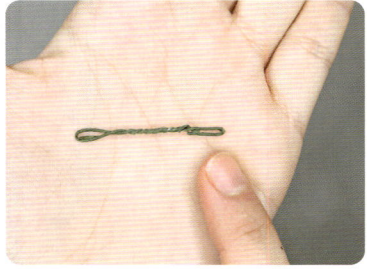

5 꼬아진 끝을 접어 고리를 만들고 나머지 부분은 니퍼로 잘라 깔끔하게 정리합니다.

6 다리를 만들 검정색 양모를 얇고 길게 펼쳐 잡습니다.

7 한쪽 고리의 위쪽부터 반대쪽 고리 끝까지 검정 양모를 강하게 맙니다.

8 풀어지지 않도록 꽉 잡습니다.

9 작업 매트 위에서 1구바늘로 펠팅하여 모양을 고정시킵니다. 안쪽 철사에 1구바늘이 부딪혀 부러지지 않도록 조심합니다.

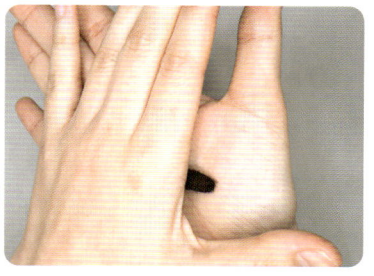

10 모양이 고정되었으면 손바닥 사이에 놓고 표면을 손의 열로 비벼 정리합니다.

11 1~10번 과정을 반복하여 4개의 다리를 만듭니다.

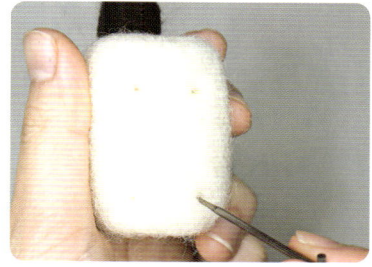

12 양 베이스 만들기 단계에서 만든 몸통 밑면에 4개의 다리 구멍을 뚫습니다.

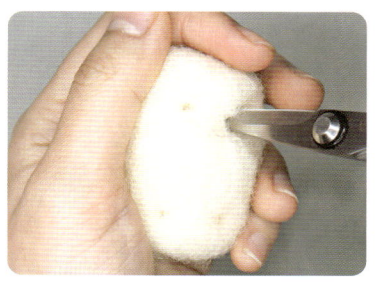

13 그 구멍들에 실가위를 깊게 찔러 넣은 다음 살짝 가위질해 구멍을 넓힙니다.

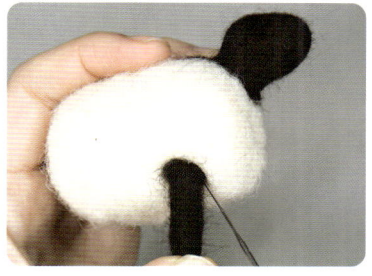

14 11번에서 만든 다리를 하나씩 넣고 1구바늘로 여러 번 찔러 다리와 몸통을 붙입니다.

15 다리 4개를 전부 14번과 같은 방법으로 붙입니다. 몸통에서 나온 다리의 길이는 2.5cm입니다.

❸ 털심기

1 도안 '귀'를 참고해 귀를 만들 만큼 검정 양모를 말아 줍니다.

2 1구바늘로 찔러 귀를 만듭니다. 귀의 두께는 1mm 정도면 충분합니다.

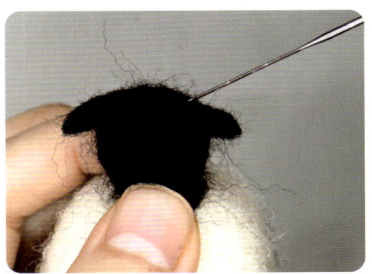

3 머리 양옆에 귀를 대칭으로 붙입니다.

4 흰색 곱슬 양모를 준비합니다. 하마나카사의 리얼 양모 곱슬 양모는 이렇게 검정 실이 두 가닥으로 꼬아져 있습니다.

5 흰색 곱슬 양모를 쓸 만큼 자릅니다. 너무 길면 검정 실을 빼내기 어렵고 너무 짧으면 인형을 만들 때 번거로우니 적당히 길게 준비합니다.

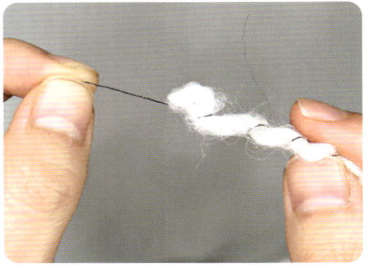

6 한쪽 손은 곱슬 양모를 약하게 쥐고, 한쪽 손으로 곱슬 양모 속의 검정 실을 잡아 뺍니다.

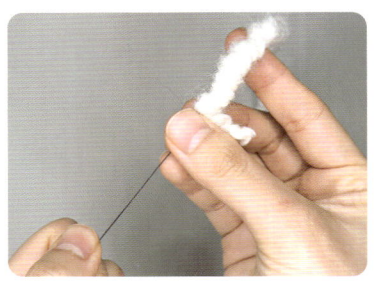

7 나머지 검정 실 하나도 빼냅니다.

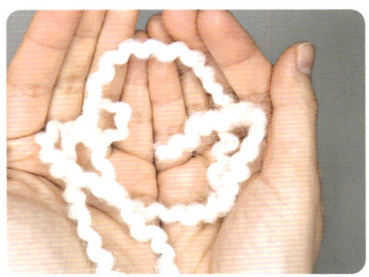

8 흰색 곱슬 양모만 남았습니다.

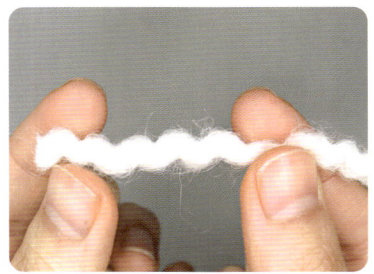

9 양모의 웨이브를 한 칸씩 사용하면 촘촘하고 얇은 털을 표현할 수 있고 두 칸씩 사용하면 풍성한 곱슬 털을 표현할 수 있습니다.

10 양의 머리 위에서 양모의 끝을 심은 후 웨이브 두 번째 칸 굴곡을 첫 양모가 심어진 옆에 찔러 심습니다.

11 10번과 같은 방법으로 웨이브 두 칸씩 넘겨 심습니다.

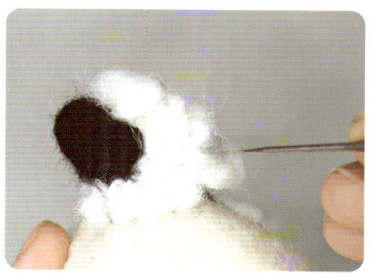

12 그렇게 옆으로 나아가며 머리부터 목까지 돌돌 둘러 심습니다.

13 목 부분에 곱슬 양모를 둘러 심은 모습입니다. 살짝 가위질해 구멍을 넓힙니다.

14 계속해서 몸통 쪽으로 둘러 웨이브 두 칸씩 잡아 심습니다.

15 다리 부분에서는 다리를 하나씩 감아 줍니다.

16 중간에 실이 끊기면 4~8번 과정을 반복하여 웨이브 양모를 추가로 잘라 준비합니다.

17 곱슬 양모 끝을 끊긴 바로 옆에 1구바늘로 심습니다.

18 이어서 웨이브 2칸씩 심기를 반복합니다.

19 몸통 면적 전체를 덮습니다.

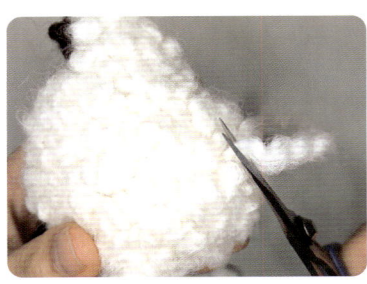

20 더 이상 심을 곳이 없을 때 끝부분을 짧게 잘라 마무리합니다.

21 심다가 풀린 곳이 없는지 확인하고 표면에 풀린 곳이 있다면 1구바늘로 한두 번 찔러 심기만 합니다.

동물 털 심기

동물 털 심기는 장모종의 털을 심을 때 쓰는 기법입니다. 앞서 심플 양 만들기에 사용한 곱슬 털을 앞으로 소개하는 동물 털 심기로 심는다면 비숑 같은 곱슬 장모종 동물을 실감나게 표현할 수 있습니다. 털심기용 양모로는 일반 양모를 써도 상관이 없지만, 리얼 양모를 쓰는 것이 동물 표현에 있어서 더 좋습니다.

❶ 일자심기

1 먼저 베이스 울로 지름 4cm 정도의 납작한 구형을 펠팅하여 만듭니다.

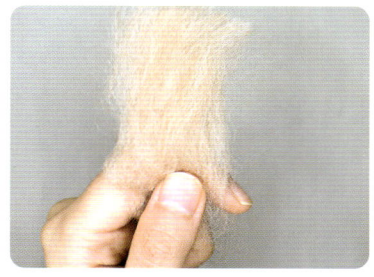

2 심는 털용 양모를 준비합니다(저는 보통 하마나카사의 스트레이트 양모를 사용합니다).

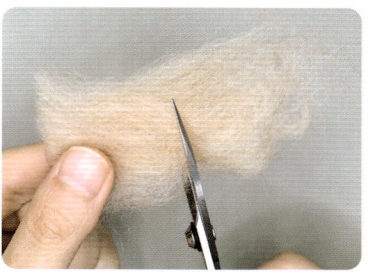

3 3cm 정도 길이로 양 끝 단면이 정갈하게 자릅니다. 양모의 길이는 어떤 동물을 만드냐에 따라 더 길어질 수 있습니다.

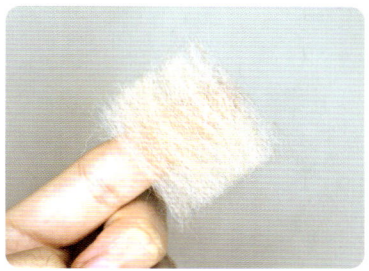

4 뒷면에 손가락이 살짝 비칠 정도로 얇게 펼칩니다.

5 일자심기 **1**번에서 만든 베이스 위에 얹고 정확히 양모의 반절이 되는 지점을 확인합니다.

6 한 일자(一)로 양모를 가로질러 찔러 심습니다. 오래 찔러 잘 심어질수록, 양모는 반으로 접힙니다.

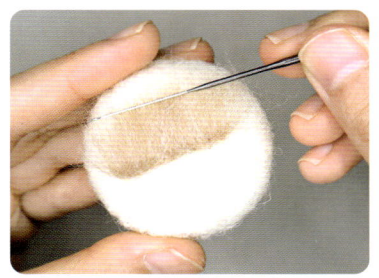

7 털이 누워져야 하는 방향으로 양모를 쓸어 넘깁니다. 지금은 아무 방향으로나 한 방향으로 넘겨도 됩니다.

8 넘긴 가장자리를 찔러 고정하듯 펠팅합니다.

9 털 방향이 고정되었습니다. 이런 식으로 다음 털을 사진에서 보이는 털의 위쪽에 심어 보겠습니다.

Part 2 양모펠트의 기본 기법과 기초 연습   49

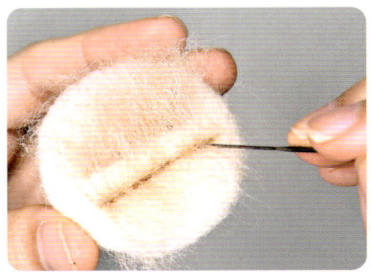

10 다음 일자심기는 그 위쪽에 심습니다. 이때 간격은 2~3mm 정도가 적당합니다. 털 길이가 짧을 때는 간격을 조금 좁게, 털 길이가 길 때는 간격을 조금 더 넓게 합니다.

11 지금은 연습이니 자유롭게 간격을 설정하고 **5**번과 같이 양모의 반절이 되는 지점을 확인합니다.

12 **6**번과 같은 방법으로 양모를 일자심기합니다.

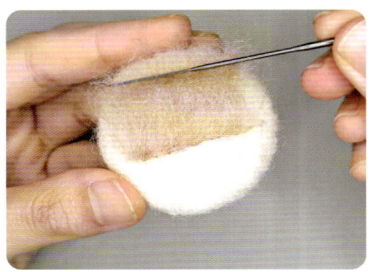

13 이전에 심었던 양모가 넘어간 방향과 같은 방향(**8**번)으로 양모를 쓸어 넘깁니다. 살짝 가위질해 구멍을 넓힙니다.

14 털의 방향을 고정합니다.

15 두 번째 줄을 심은 옆모습입니다. 이렇게 털을 쌓아 가는 방식으로 털을 아래부터 위로 심는다고 생각하면 됩니다.

❷ 점심기

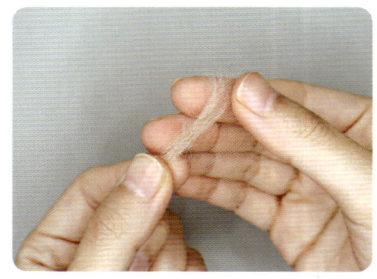
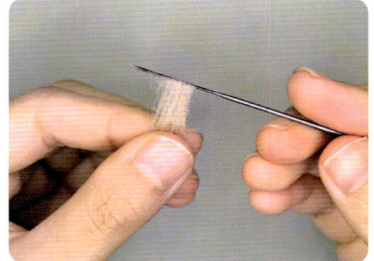
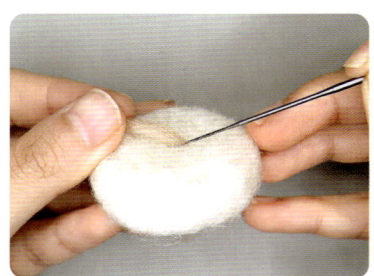

1 점심기는 심어진 털의 숱이 모자라 보정해야 할 때나, 작은 면적에 심어야 할 때 또는 무늬를 심어야 할 때 사용하는 방법입니다. 일자심기 **3**번에서 잘라 낸 양모를 조금 떼어 준비합니다.

2 바늘에 감습니다.

3 일자심기 **1**번에서 만든 베이스 양모 위에 털이 누워야 하는 방향으로 눕혀 1구바늘로 찔러 심습니다.

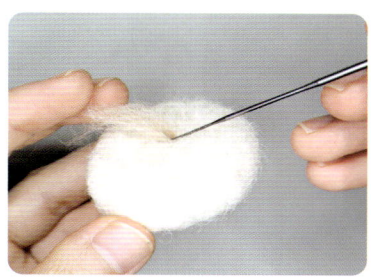

4 심어진 양모에서 손을 놓아도 양모가 풀리지 않도록 찔러 심습니다.

5 점심기를 한 옆모습입니다. 이번에도 사진에서 보이는 털의 위쪽에 다음 털을 심어 보겠습니다.

6 점심기 **1~4**번 과정을 반복하여 **5**번 털 위쪽에 2~3mm 간격으로 심습니다.

7 두 번째 점심기를 한 모습입니다. 이렇게 털의 방향으로 쌓으면 됩니다.

· zzum's lesson ·

쭘언니의 귀여운 동물 양모펠트

Animal 01	기니피그	Animal 06	암탉	Animal 11	아기 펭귄
Animal 02	다람쥐	Animal 07	오목눈이	Animal 12	페르시안 친칠라
Animal 03	새앙토끼	Animal 08	아기 수달	Animal 13	시바견
Animal 04	고슴도치	Animal 09	레서판다	Animal 14	포메라니안
Animal 05	병아리	Animal 10	물개		

Part 03

귀여움 가득 동물 친구들

기니피그

Animal
01
기니피그

실물 크기
도안
210쪽

기니피그는 햄스터와 비슷하게 생겼지만 훨씬 크기가 큰 설치류입니다.
성격이 온순하여 애완동물로도 인기가 많은 기니피그는 제가 가장 좋아하는 동물이기도 합니다.
기니피그의 무늬는 대체로 자유분방하고 다채로우므로 예시 사진의 기니피그 외에
원하는 무늬와 색상의 기니피그로 만드셔도 됩니다.

준비물 도안, 베이스 울, 흰색 양모, 황갈색 양모, 분홍색 양모, 4mm 검정 솔리드 눈

1. 도안에 맞춰 몸통 만들기

1 베이스 울을 준비합니다.

2 도안을 참고하여 몸통에 필요한 만큼 뜯어 단단하게 맙니다.

※ PART 2.2 곰 인형 (5) 몸통 붙이기 참고

3 1구바늘로 찔러 고정시킵니다. 이때 기니피그 바닥면은 비교적 판판하도록 작업합니다-.

4 도안의 기본 몸통 '상면'과 '측면'을 참고하여 보다 조금 크게 만듭니다. 색을 입히면서 모양을 잡아가기 위함이니 단단하지 않게 만듭니다.

5 흰색 양모를 도안 '머리'를 만들 만큼 뜯어 단단하게 맙니다.

6 작업 매트 위에서 손에 힘을 풀었을 때 도안의 모양대로 고정될 때까지 1구바늘로 찔러 펠팅해 줍니다.

7 어느 정도 모양이 잡힌 머리를 만들어 놓은 몸통에 붙입니다. 모양은 잡되 아직 양모가 너무 단단해지지 않게 신경 씁니다.

8 도안 '몸통'의 측면 3번째 단계와 비교해 봅니다. 크기와 모양이 대충 맞으면 다음으로 넘어갑니다.

9 상면은 도안 '조립 예시'를 참고합니다. 역시 크기와 모양만 대충 맞으면 다음으로 넘어갑니다.

2. 색 입히기

1 머리를 만들 때 쓴 흰색 양모를 잘게 뜯습니다.

2 양모를 얇게 펼쳐서 만들어 놓은 몸통을 전부 덮고 1구바늘로 위치를 잡은 후 5구바늘로 골고루 펠팅해 색을 입힙니다. 이때 도안 '조립 예시'와 몸통 '측면' 3번째 단계를 참고하여 모양을 정확히 잡습니다.

3 황갈색 양모를 준비하여 잘게 뜯습니다.

4 기니피그 얼굴에 무늬를 입힙니다. 작은 면적의 무늬는 1구바늘로 입히는 것이 수월합니다. 양모에 바로 무늬 넣기가 어렵다면 수성펜으로 그리고 색을 입히면 더 수월합니다.

5 만들어진 앞모습입니다. 대칭보다는 비대칭으로 무늬를 입힙니다. 다른 무늬를 넣어도 됩니다.

6 눈이 위치할 부분을 1구바늘로 찔러 움푹 들어가게 합니다.

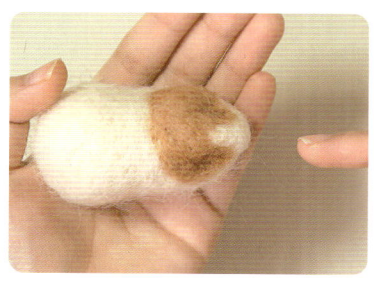

7 위에서 본 모습입니다. 위와 같이 눈 부분이 어느 정도 들어가게 만듭니다.

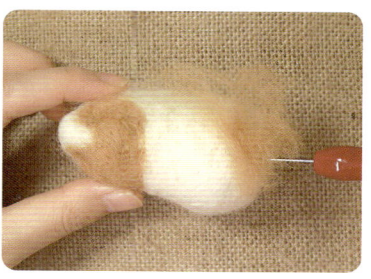

8 엉덩이 무늬를 마저 넣습니다. 원하지 않는다면 생략해도 됩니다.

9 5구바늘로 모든 면이 균일하게 펠팅될 수 있도록 정리합니다.

10 1구바늘로 옆구리를 찔러서 옆구리가 들어가게 만듭니다.

3. 얼굴 만들기

1 부러진 1구바늘 또는 송곳으로 눈구멍을 뚫습니다.

2 4mm 검정 솔리드 눈을 구멍에 넣어 고정시킵니다.

3 분홍색 양모를 조금만 뜯습니다.

4 기니피그의 코 위치에 양모를 아주 약간 놓고 1구바늘로 찔러 색을 입힙니다.

5 색이 입혀진 기니피그 얼굴 중앙에 1구바늘을 사용해 집중적으로 찔러 V자 코를 그립니다. 3mm 정도 길이면 충분합니다.

6 코의 끝에서부터 3mm 아래까지 Y자로 집중적으로 찔러 입 연결선도 그립니다.

7 분홍색 양모를 조금 뜯어 비빕니다.

8 입 연결선 아래에 혓바닥을 1구바늘로 찔러 심어 줍니다. 혓바닥은 생략해도 됩니다.

4. 귀와 손 만들어 완성하기

※ PART 2.2 곰 인형 (3) 귀 만들기 참고

1 도안 '귀'를 참고하여 두 귀를 만듭니다.

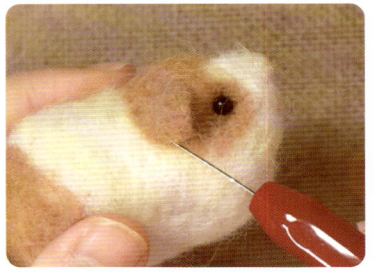

2 도안 '조립 예시'를 참고하여 적당한 위치에 귀를 1구바늘로 찔러 붙입니다. 살짝 접어서 붙이는 것이 자연스럽습니다.

3 반대편도 대칭으로 붙입니다.

4   거의 완성되었습니다.

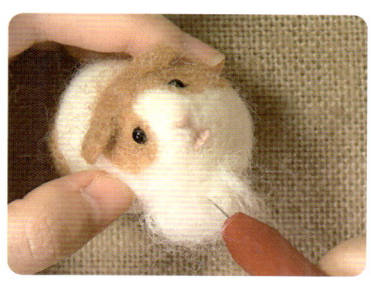

5   흰색 양모를 준비합니다. 몸통 앞쪽 아랫부분에 양모를 덧대고 1구바늘로 찔러 펠팅하며 모양을 만듭니다.

6   도안 '조립 예시'를 참고하여 모양을 다듬습니다.

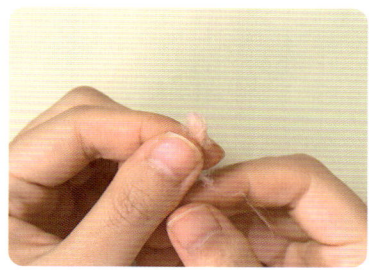

7   발을 만들 분홍색 양모를 조금 뜯어 돌돌 맙니다.

8   길이 10mm 폭 6mm 정도의 작은 발을 1구바늘로 펠팅하여 만듭니다.

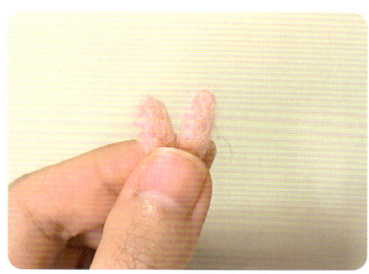

9   저는 앞발 2개만 만들었습니다.

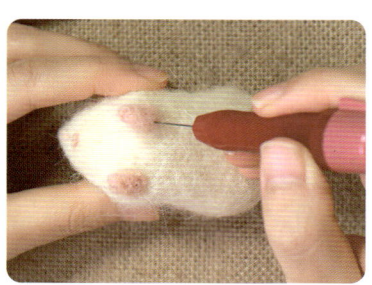

10   5~6번에서 만든 팔뚝 아래쪽에 1구바늘로 찔러 앞발을 붙입니다.

완성

다람쥐

Animal

02

다람쥐

실물 크기
도안
211쪽

다람쥐는 나무를 잘 타고 도토리를 좋아하지요. 겨울이 오기 전에 도토리를 보이는 대로 모아 숨겨 놓지만 숨겨 놓은 도토리를 자꾸 잃어버리고 마는 작고 귀여운 아이랍니다.
우리가 아는 다람쥐는 갈색 바탕에 진한 줄무늬를 가진 무늬다람쥐입니다.
작고 귀여운 무늬다람쥐를 만들어 볼까요?

준비물 도안, 베이스 울, 흰색 양모, 연갈색 양모, 흑갈색 양모, 밤색 양모, 검정색 양모, 5mm 검정 솔리드 눈

1. 다람쥐 베이스 만들기

1 도안을 참고하여 얼굴과 몸통을 만들 베이스 울의 양을 가늠합니다.

※ PART 2.2 곰 인형
(1) 도안에 맞춰 얼굴 만들기 참고

2 도안 '머리 베이스'를 참고하여 모양에 맞춰 1구바늘로 펠팅하여 머리를 만듭니다.

3 몸통에 붙을 목 부분은 펠팅하지 않습니다.

4 머리 베이스에 베이스 울을 얹어 얼굴의 주둥이 부분을 만듭니다.

5 도안을 참고하여 모양이 나올 때까지 베이스 울을 추가로 얹으며 1구바늘로 찔러 모양을 만듭니다.

6 도안 '몸통 베이스'를 참고하여 몸통 베이스도 만듭니다. 이때, 1구바늘로 펠팅하여 모양이 고정되면 3구바늘로 조금 더 단단하게 펠팅합니다.

Part 3 귀여움 가득 동물 친구들

7 얼굴과 몸통 베이스를 연결할 위치를 잡습니다. 저는 정자세로 잡았지만 취향에 맞춰 갸우뚱하거나 고개를 돌린 모습으로 해도 됩니다.

8 1구바늘로 깊게 꼼꼼히 찔러 머리와 몸통을 연결합니다.

9 단단하게 연결되었다면 다시 한 번 도안과 비교해서 몸통이나 얼굴이 너무 작지 않은지 확인합니다. 비율을 맞추고 다음으로 넘어갑니다.

2. 얼굴 만들기

1 송곳이나 부러진 1구바늘로 눈구멍을 약간 대각선 방향으로 뚫습니다.

2 눈구멍에 5mm 검정 솔리드 눈을 넣습니다.

3 눈을 눌러서 잡고 1구바늘로 눈 주변을 여러 번 찔러 눈이 얼굴 안쪽으로 들어가 박히도록 합니다.

4 눈을 다 심은 후 너무 헐겁다면 본드로 고정시킵니다(완성 전까지는 본드를 최대한 안 쓰는 것이 좋습니다).

5 볼이 될 흰색 양모를 돌돌 맙니다. 크기는 1cm가 되지 않게 합니다.

6 양 볼을 1구바늘로 찔러 붙입니다. 볼의 빵빵함 정도는 사진보다 과장되거나 적어도 무관합니다.

7 양 볼의 대칭을 확인합니다.

8 흑갈색 양모를 잘게 뜯습니다. 콧등부터 눈 위까지 양모를 얹은 다음 색을 입힙니다.

9 1구바늘로 살살 찔러 바늘 자국이 최대한 남지 않도록 신경 씁니다.

10 흑갈색 양모를 약간 뜯어 작업 매트 위에서 1구바늘을 사용해 살짝만 펠팅합니다.

11 눈 위에 펠팅된 양모를 덮고 1구바늘로 살살 고정시키듯 펠팅합니다.

12 눈머리와 눈꼬리 위치를 잡고 여러 번 그어 눈구멍을 가릅니다.

13 눈 아래쪽을 벌려 눈 모양을 잡습니다.

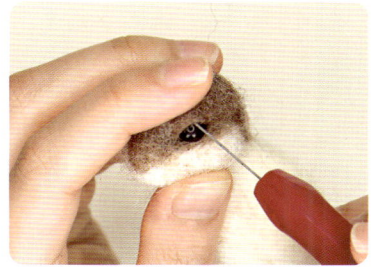

14 눈두덩이 부분을 손으로 눌러 잡고 1구바늘로 조금씩 찌르며 눈 모양을 만듭니다.

15 두 눈의 대칭이 맞게 모양을 잡습니다. 눈두덩이가 빈약하게 느껴지면 양모를 덧대어 **11~15**번 과정을 반복합니다.

3. 주둥이 만들기

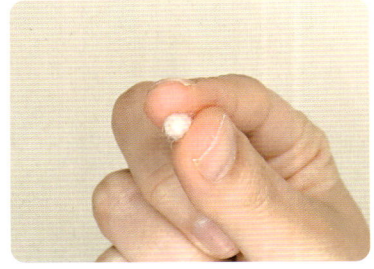

1 흰색 양모를 아주 작고 동그랗게 말아 쥡니다. 최대한 세게 비벼 맙니다. 2개 만듭니다.

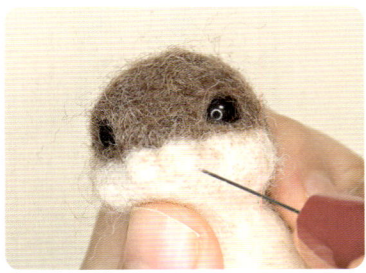

2 주둥이 끝에 말아 쥔 양모 2개를 1구바늘로 나란히 붙여 주둥이 모양을 만듭니다.

3 흑갈색 양모를 약간 잡아 길고 단단하게 맙니다.

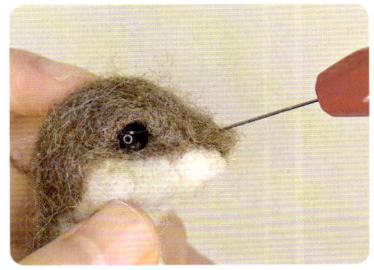

4 주둥이 끝에 콧잔등처럼 얹고 1구바늘로 찔러 코끝을 단단하게 만듭니다.

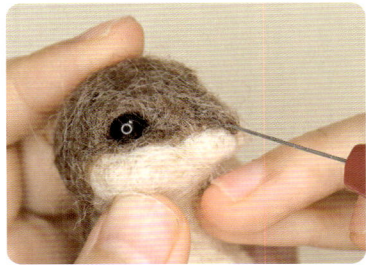

5 주둥이와의 경계가 허물어지지 않게 정리합니다.

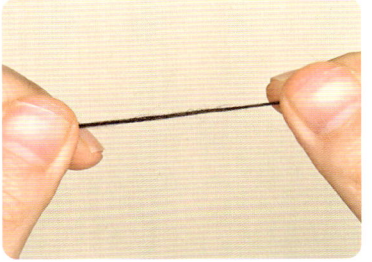

6 밤색 양모를 실처럼 얇고 길게 꼬아 쥡니다.

7 주둥이와 코의 경계에 양모를 1구바늘을 사용해 얇게 심어 경계선을 만듭니다.

8 코의 끝에서 입까지 이어 심습니다.

4. 눈가 선 만들기

1 연갈색 양모를 잘게 뜯어 준비합니다.

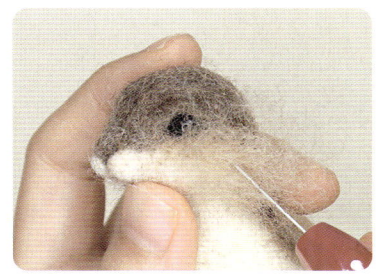

2 볼과 흑갈색 양모의 경계에 조금씩 얹어 경계를 풀듯 색을 입힙니다.

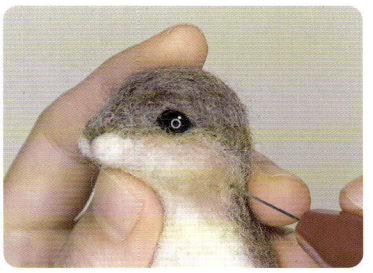

3 무늬를 넣을 땐 1구바늘로 최대한 살살 찔러서 바늘 자국이 남지 않게 신경 씁니다.

4 코끝부터 눈 위쪽으로 양모를 심어 연갈색 무늬를 그립니다.

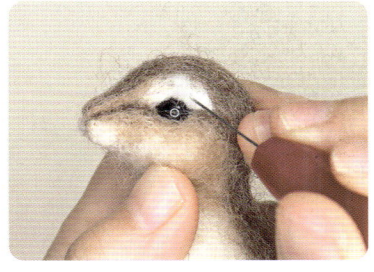

5 눈 위쪽엔 흰색 양모를 연갈색 무늬에 이어서 심어 무늬를 자연스럽게 넣습니다.

6 도안을 참고하여 얼굴 무늬를 완성합니다. 반대편도 똑같이 합니다.

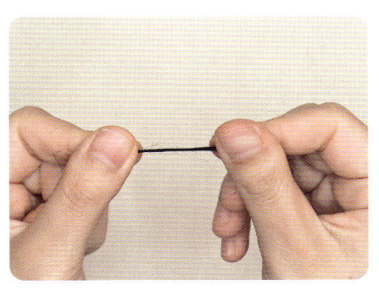

7 검정색 양모를 얇게 꼬아 줍니다.

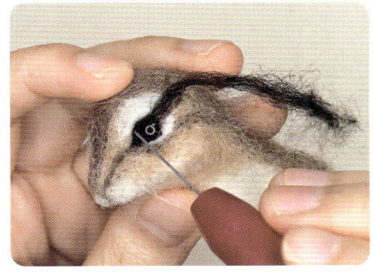

8 눈 앞머리부터 눈꼬리까지 아이라인을 그리듯 심습니다. 너무 얇으면 보이지 않으니 약간 두꺼워도 됩니다.

9 남은 양모는 가위로 잘라 내고 1구바늘로 정리합니다. 반대편도 똑같이 합니다.

5. 귀 만들기

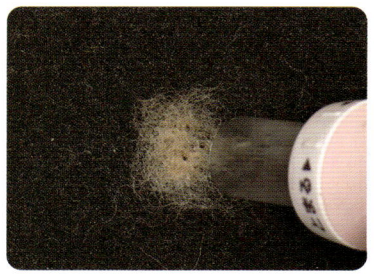

1 연갈색 양모를 작업 매트 위에 얇게 펼친 다음 5구바늘로 여러 번 뒤집으며 펠팅합니다.

2 도안 '귀'를 참고하여 모양을 만듭니다. 너무 작거나 크지 않게 신경 씁니다.

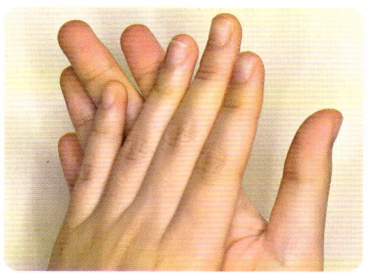

3 잔 실이 정리되지 않는다면 손으로 비벼 손의 온기로 펠팅합니다.

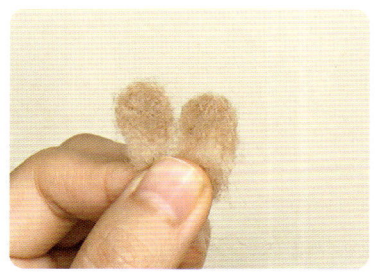

4 두 귀를 같은 크기로 만듭니다.

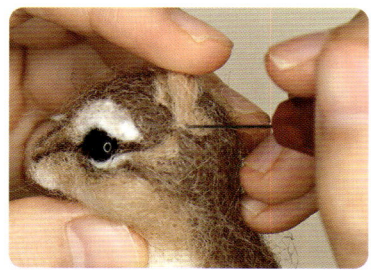

5 눈 뒤쪽 머리 위에 귀를 접어 올리고 1구바늘로 찔러 붙입니다.

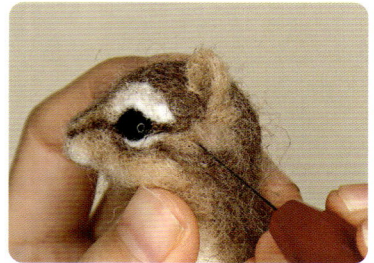

6 눈꼬리의 무늬와 귀가 연결되도록 양모를 1구바늘로 찔러 이어 심습니다.

7 대칭을 이루도록 반대편 귀도 작업합니다.

6. 팔다리 만들기

1 연갈색 양모를 길게 말아 쥐고 1구 바늘로 펠팅하여 팔을 만듭니다. 굵기는 8mm 정도가 좋습니다. 손끝 부분은 최대한 단단하게, 팔 쪽으로 갈수록 풀어지게 만듭니다.

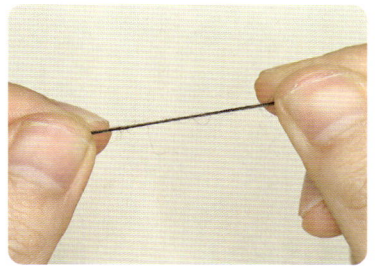

2 밤색 양모를 얇고 길게 꼬아 줍니다.

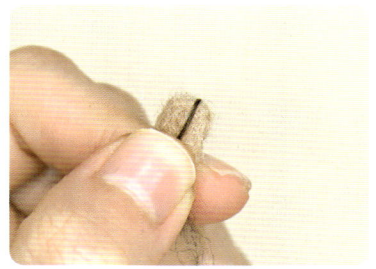

3 만든 손의 끝부분에 꼬아 쥔 밤색 양모를 팽팽하게 댑니다. 실 2개가 심어질 수 있도록 위치를 잘 설정합니다.

4 1구바늘로 조심히 심습니다.

5 마찬가지로 두 번째 실도 옆에 심어 손가락을 만듭니다.

6 손끝에서 8mm 정도 올라간 부분에 1구바늘로 사방을 찔러 손목을 얇게 만듭니다.

7 손목 위에서부터 연갈색 양모를 조금 더 맙니다. 팔뚝을 조금 더 굵게 만들기 위함입니다.

8 1구바늘로 최대한 단단하게 펠팅합니다.

9 손목으로부터 1cm 정도 끝에서는 팔을 약간 접으면서 펠팅합니다. 팔꿈치입니다. 자세한 모양은 도안 '손'을 참고하여 작업합니다.

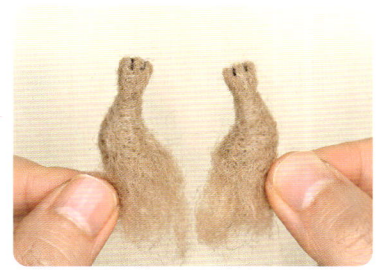

10 두 팔을 좌우 대칭이 되도록 만듭니다.

11 다람쥐 몸통에 팔을 얹고 시침핀으로 고정시키며 위치를 잡습니다. 먹이를 들도록 만들 예정이므로 팔을 높이 올립니다.

12 위치가 고정되었으면 1구바늘로 찔러 붙입니다.

13 다 붙였으면 시침핀을 제거합니다.

14 팔을 만들 때처럼 발도 8mm 굵기로 얇고 길게 만듭니다. 역시 발끝은 최대한 단단하게, 반대편으로 갈수록 풀어지게 만듭니다.

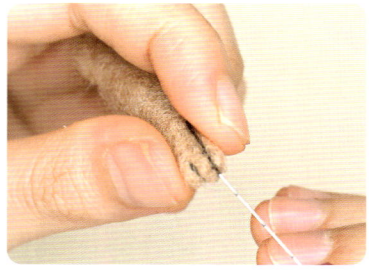

15 2~5번과 같은 과정으로 발가락을 만듭니다.

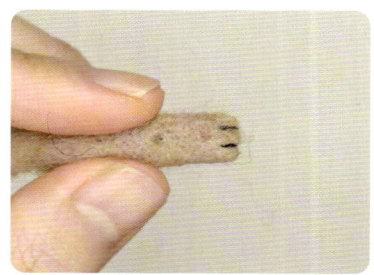

16 손목을 만든 팔과는 다르게 발은 일자 그대로 유지해 만듭니다.

17 발끝에서부터 2.2~2.3cm 정도 위치에서 발목을 접어 뒤꿈치를 단단하게 만듭니다.

18 뒤꿈치에서 올라오는 발목부터는 몸통과 연결할 수 있도록 풀어진 상태로 놔둡니다. 2개 만듭니다.

양모펠트 동물 인형

19 다람쥐가 서 있는 것이 가능하도록 몸통 아랫부분에 위치를 잡아 1구바늘로 두 다리를 평행하게 붙입니다.

20 허벅다리를 만들 연갈색 양모를 엄지손가락만큼 잡아서, 손을 놓아도 풀어지지 않을 정도로만 1구바늘로 살짝 펠팅합니다.

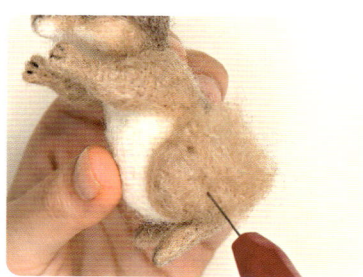

21 옆구리부터 발까지 이어지는 허벅다리를 1구바늘로 펠팅하여 만듭니다. 허벅다리가 빈약하다면 양모를 더 덧대어 통통하게 만듭니다.

22 정면에서 본 모습입니다. 무릎이 배보다 튀어나오고 몸통 안쪽으로 파고드는 형태로 모양을 잡습니다.

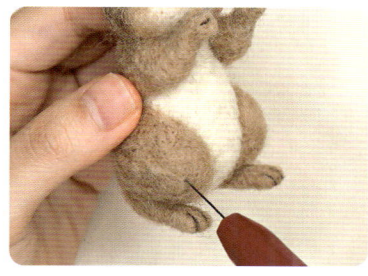

23 반대편도 대칭을 이루도록 작업합니다.

24 연갈색 양모를 허벅다리를 만들 때보다 조금 더 크게 잡고 풀어지지 않을 정도로만 1구바늘로 살짝 펠팅합니다.

25 엉덩이부터 등 아래까지 위치를 잡아서 1구바늘로 펠팅하며 붙여 쪼그리고 있는 다람쥐 모양을 만듭니다.

26 인형 표면을 손가락으로 눌러보았을 때 전체적으로 단단함 정도가 같도록 1구바늘로 골고루 펠팅합니다. 허벅다리나 말린 등이 움푹 꺼진다면 양모를 덧댑니다.

7. 무늬 만들고 완성하기

1 잘게 찢은 흑갈색 양모를 등에 얹습니다.

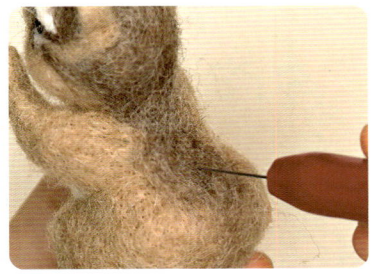

2 등에 얹은 흑갈색 양모가 자연스럽게 풀어지도록 1구바늘로 살살 펠팅합니다.

3 밤색 양모를 작게 뜯습니다.

4 등 뒤 왼쪽에 밤색 양모를 길게 얹고 1구바늘로 살살 펠팅합니다. 이때 살짝 들뜨게 심어 바늘 자국이 남지 않도록 합니다.

5 반대편에도 줄무늬를 얹습니다. 살짝 들뜬 양모는 마지막에 5구바늘로 정리할 것이므로 위치만 잡는 느낌으로 들뜨게 펠팅합니다.

6 줄무늬의 바깥쪽 옆에 흰색 양모 줄무늬를 심습니다. 역시 1구바늘로 살살 펠팅합니다.

7 그 옆에 다시 밤색 양모로 줄무늬를 짧게 심습니다.

8 흑갈색 양모를 줄무늬가 끝난 부분부터 연갈색 양모와 자연스럽게 이어지도록 얹어 그러데이션을 만듭니다.

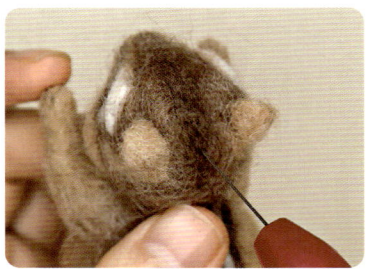

9 머리통 위에 밤색 양모를 아주 얇게 올려 흑갈색 양모와 이어지는 그러데이션을 만듭니다.

  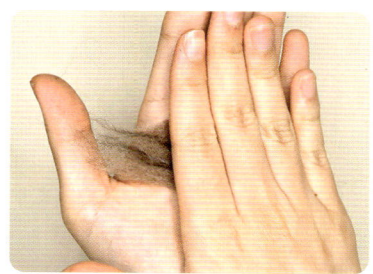

10 모든 작업이 끝났다면 5구바늘로 전체적으로 튕기듯 펠팅하여 들뜬 표면을 정리합니다. 너무 작은 부분은 1구바늘로 여러 번 튕기듯 펠팅하여 정리합니다.

11 얇게 펼친 연갈색 양모 위에 밤색 양모를 얇게 두 줄 얹어 손바닥 위에 올립니다.

12 양손으로 비벼 펠팅합니다. 포슬포슬하면서 고정된 듯한 꼬리를 만들기 위함입니다. 손을 뗐을 때 풀어지지 않을 정도로 비빕니다.

  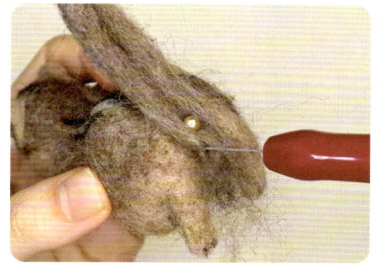

13 얇고 긴 꼬리에 밤색 줄무늬가 잘 어우러졌는지 확인합니다. 꼬리 끝을 동그랗게 잘라 줍니다.

14 꼬리를 심을 위치를 시침핀으로 고정합니다.

15 1구바늘로 꼬리를 연결합니다.

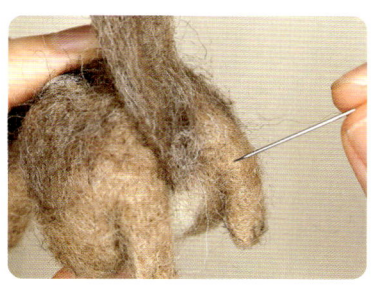  

16 시침핀을 제거하고 어색한 부분을 정리합니다.

17 흰색 양모를 배에 얇게 얹습니다.

Animal
· 03 ·

새앙토끼

실물 크기
도안
212쪽

새앙토끼는 생소한 이름이죠? 새앙토끼는 우리에게 친숙한 피카츄의 실제 모델이랍니다! 영어 이름도 Pika예요! 이 아이는 생쥐 같은 토끼라 하여 새앙토끼라고 하는데요, 우는 토끼 또는 쥐토끼라고도 합니다. 새앙토끼는 꽃이나 풀을 잔뜩 물고 있는 모습이 많이 포착되는데 이는 겨울을 나기 전 자신이 저장한 먹이가 썩지 않도록 독성이 강한 풀이나 이끼를 먹이 위에 올려 두려는 행동이라고 합니다. 그럼 귀여운 새앙토끼를 만들어 봅시다.

준비물 도안, 베이스 울, 연갈색 양모, 흑갈색 양모, 5mm 검정 솔리드 눈

1. 새앙토끼 베이스 만들기

1 도안 '머리 베이스'를 참고하여 베이스 울의 양을 가늠합니다.

2 도안에 맞춰 머리 베이스를 1구바늘과 3구바늘을 사용하여 만듭니다. 머리 베이스는 수정이 가능하도록 말랑거리게 작업합니다.

3 되도록이면 몸통과 붙는 면은 단단하지 않게 펠트합니다.

4 도안 '몸통 베이스'를 참고하여 베이스 울의 양을 가늠합니다.

5 도안에 맞춰 몸통을 만듭니다. 머리와 붙는 면은 풀어지게 작업합니다. 몸통 베이스 역시 수정이 가능하도록 말랑거리게 작업합니다.

6 만들어진 머리와 몸통 베이스를 연결시킬 위치를 잡습니다.

Part 3 귀여움 가득 동물 친구들

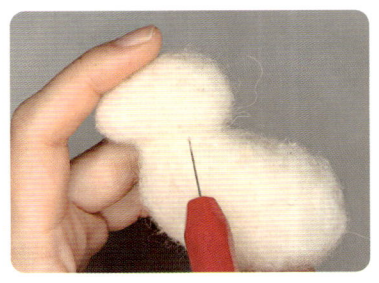

7 머리 베이스와 몸통 베이스를 1구 바늘로 깊게 여러 번 찔러 연결합니다.

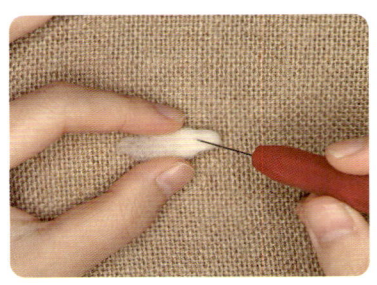

8 베이스 울을 작게 말아 쥐고 1구바늘로 찔러 콧등을 만듭니다. 코끝 부분은 단단하게, 반대편으로 갈수록 풀어지게 작업합니다. 8mm 정도로 작업합니다.

9 머리 베이스의 주둥이 끝에서부터 얼굴의 중앙에 올립니다.

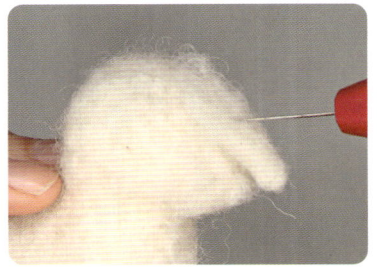

10 코끝을 기준으로 얼굴 중앙에 일자로 놓고 1구바늘로 찔러 붙여 콧대를 만듭니다. 최대한 코끝이 단단하게 유지되도록 단단하게 붙입니다.

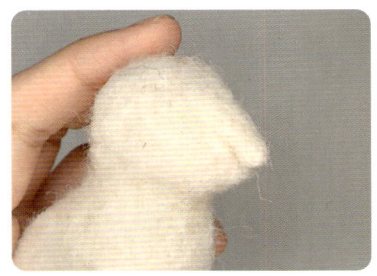

11 코끝이 단단하지 않았다면 코끝에 양모를 더 덧대어 붙여 단단하게 올립니다.

12 볼을 만들 베이스 울을 손으로 비벼서 말아 쥡니다.

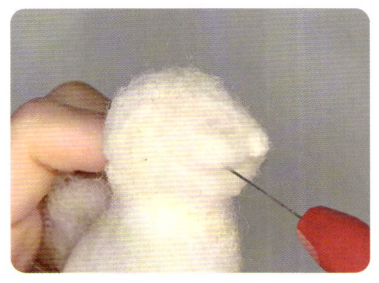

13 코 양쪽에 말아 쥔 양모를 올려 펠팅합니다. 일단 볼의 위치를 잡는 작업이므로 볼이 너무 크지 않게 작업합니다.

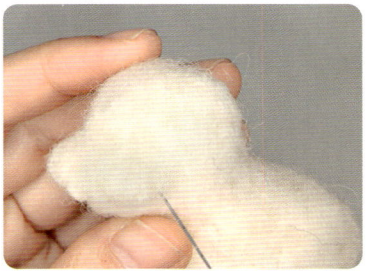

14 양쪽 볼이 대칭을 이루도록 반대편 볼도 만듭니다. 자연스럽게 아래턱이 생길 것입니다.

2. 얼굴 만들기

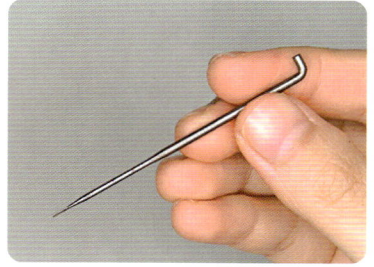

1   부러진 1구바늘을 준비합니다.

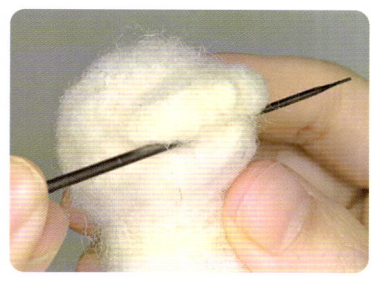

2   볼 아래, 양 입꼬리가 될 부분에 부러진 1구바늘을 꽂아 양 입꼬리를 통과시킵니다.

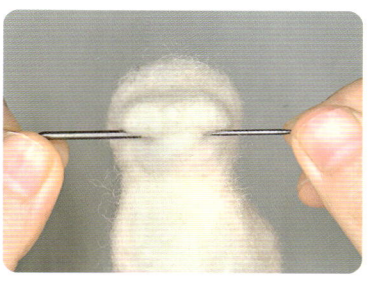

3   대칭이 맞는지 확인합니다. 이 바늘은 얼굴 모양을 잡는 데 가장 중요한 역할을 하므로 마지막까지 빼지 않습니다. 너무 헐겁다면 부러진 바늘 2개를 꽂아도 됩니다.

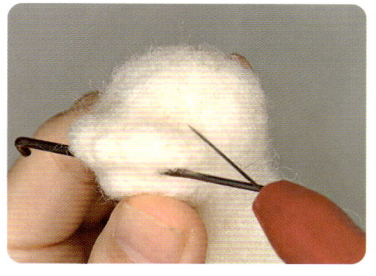

4   볼 위쪽 눈이 위치할 곳을 1구바늘로 찔러 움푹 들어가게 만듭니다.

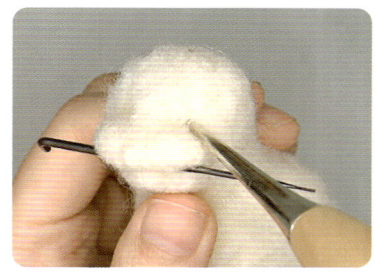

5   송곳 또는 부러진 1구바늘로 눈구멍을 뚫습니다. 좌우 대칭을 신경 써서 대각선으로 뚫습니다.

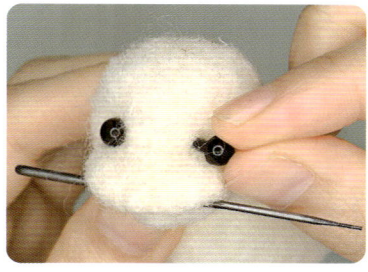

6   5mm 검정 솔리드 눈을 눈구멍에 꽂습니다.

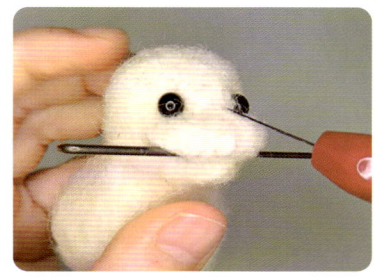

7   눈이 얼굴에 최대한 밀착되도록 눈 주변을 찔러 고정시킵니다.

8   베이스 울을 추가하여 콧잔등과 볼의 모양을 가다듬습니다. 입에 무언가를 물고 있는 모양으로 만들 것이므로 입 모양에 신경 써서 작업합니다.

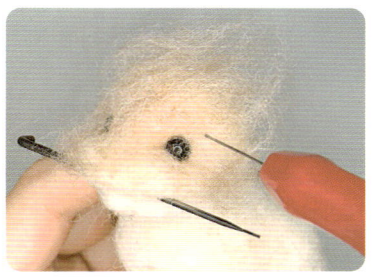

9   연갈색 양모를 잘게 뜯은 다음 볼 위쪽 전체를 얇게 덮습니다.

Part 3   귀여움 가득 동물 친구들

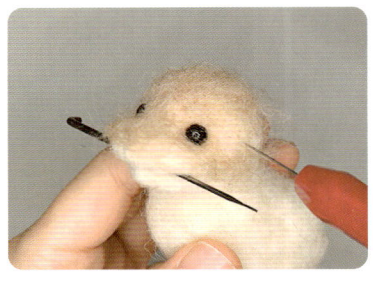

10 1구바늘로 최대한 살살 여러 번 튕기듯이 찔러 바늘 자국이 남지 않도록 색을 입힙니다.

11 흑갈색 양모를 아주 조금 잘게 뜯어 준비합니다.

12 작업 매트 위에서 여러 번 뒤집어 가며 납작하게 펠팅합니다.

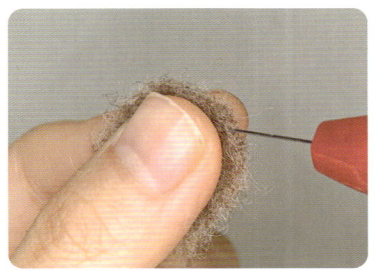

13 도안 '귀'를 참고하여 크기에 주의하며 모양을 잡습니다(시각적 표현상 양모를 손가락으로 잡았습니다. 작업 시 두꺼운 종이로 양모를 잡아 작업하세요).

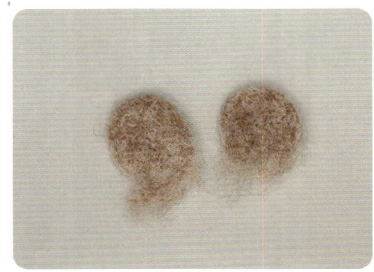

14 같은 모양으로 한 쌍의 귀를 만듭니다.

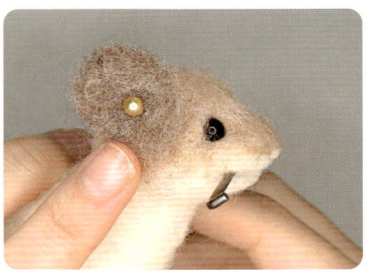

15 적당한 위치를 잡아 귀를 시침핀으로 고정시킵니다.

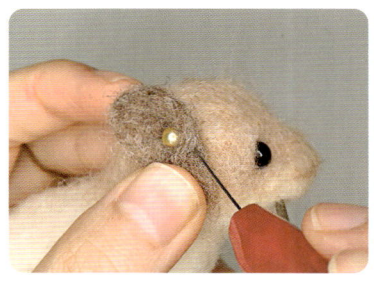

16 귀 앞쪽(사진상 귀의 오른쪽 가장자리)을 살짝 접고 1구바늘로 찔러 붙여 줍니다.

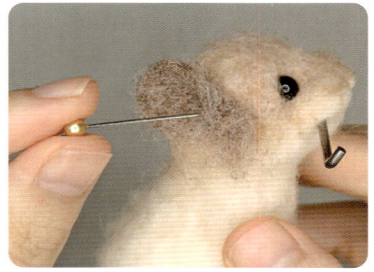

17 고정이 되면 시침핀을 제거합니다.

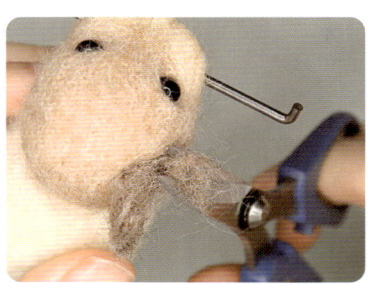

18 고정하고 남은 양모는 가위로 자릅니다.

19 얼굴과 귀가 붙은 면에 연갈색 양모를 조금 뜯어 얇게 얹습니다.

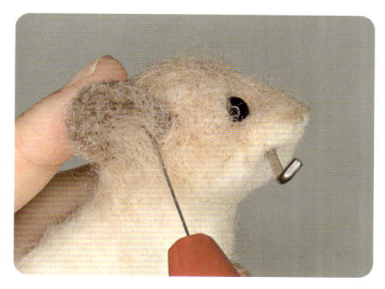

20 1구바늘로 여러 번 튕기듯 찔러 바늘 자국이 거의 남지 않도록 해서 귀와 얼굴을 자연스럽게 잇습니다.

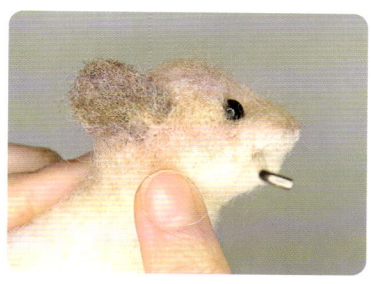

21 연결된 귀의 모습입니다. 반대편 귀도 같은 방법으로 대칭에 유의하며 작업합니다.

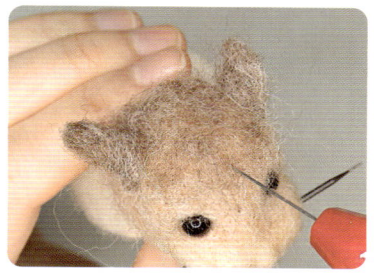

22 머리 위쪽으로 귀와 같은 흑갈색 양모를 얇게 얹어 그러데이션을 줍니다.

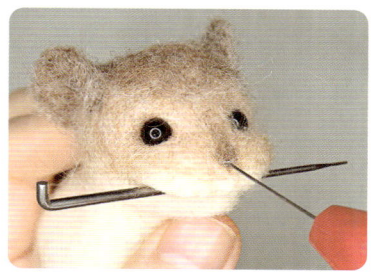

23 콧잔등에도 갈색 양모를 조금 얹어 코를 표현합니다. 콧등으로 갈수록 연해지도록 자연스럽게 만듭니다.

3. 다리 만들기

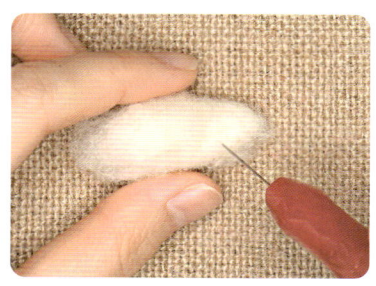

1 도안 '앞다리'를 참고하여 앞다리를 만듭니다. 몸통과 붙는 면을 제외하고 최대한 단단하게 만듭니다.

2 마지막에 정리하며 다리 쪽에 살이 붙을 것이기 때문에 길이는 신경 쓰되 굵기는 도안보다 약간 빈약해도 상관없습니다.

3 도안 '발어서 점선 표시가 있는 도안이 발의 베이스입니다. 왼편의 발 도안 크기로 발 베이스를 만듭니다. 두께는 1mm 정도로 최대한 단단하고 판판한 타원 형태를 만듭니다.

4 발 베이스를 가위로 3mm 깊이로 세 번 잘라 발가락 4개를 만듭니다. 도안을 참고하여 양 가장자리 발가락이 아주 약간 더 크도록 자릅니다.

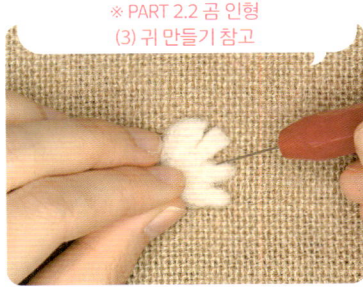

※ PART 2.2 곰 인형
(3) 귀 만들기 참고

5 발가락 사이를 1구바늘로 여러 번 뒤집으며 찔러 정리합니다. 두꺼운 종이로 잡아 찌르거나 중간중간 손의 열로 비비면 더 정교하게 만들 수 있습니다.

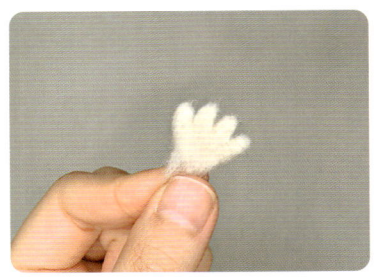

6 단단하게 펠팅하면 본래 만들었던 베이스보다 더 작아지고 발가락은 짧아지는 것이 정상입니다. 도안 '발'을 보고 발이 너무 크지 않게만 신경 씁니다.

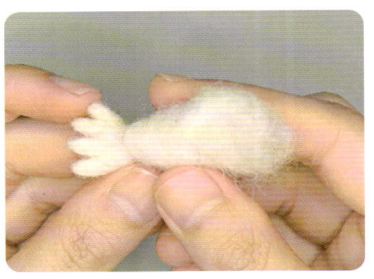

7 만들어 놓은 앞다리 베이스에 발을 두고 1구바늘로 찔러 최대한 단단하게 연결합니다. 같은 모양으로 앞다리를 하나 더 만듭니다.

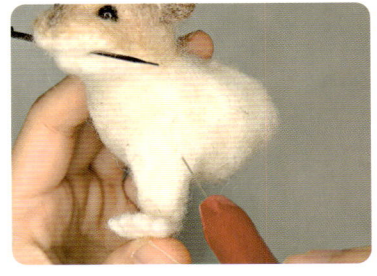

8 새앙토끼 몸통에 앞다리를 1구바늘로 찔러 붙입니다. 이때 다리를 심을수록 줄어드는 몸통의 크기는 신경 쓰지 않습니다. 조립 예시를 보고 발바닥부터 머리까지의 높이만 신경 씁니다.

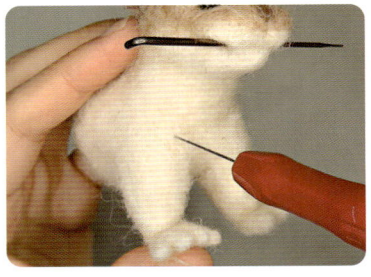

9 반대편 다리도 길이를 맞추어 붙입니다. 대칭에 유의합니다.

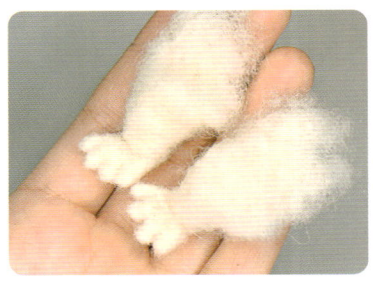

10 6~9번과 같은 방법으로 뒷다리도 만듭니다. 뒷다리는 앞다리와 달리 배 앞쪽에 붙는 면이 짧고 엉덩이 쪽에 붙는 면이 긴 것을 유의합니다. 도안 '뒷다리'를 참고합니다.

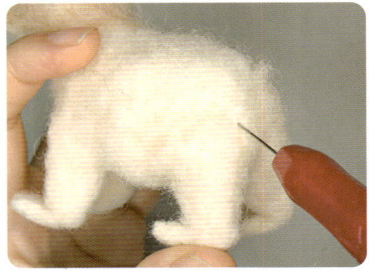

11 뒷다리를 연결합니다. 살이 부족한 부분에 베이스 울을 올려 엉덩이 살과 뱃살을 1구바늘로 붙입니다.

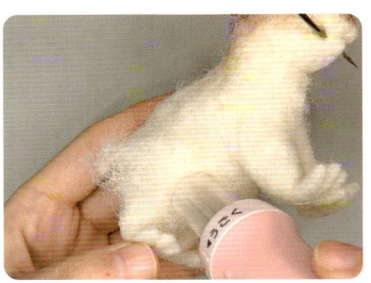

12 새앙토끼 '조립 예시'를 참고하여 몸통에 전체적으로 베이스 울을 올리고 1구바늘로 고정시킨 후 5구바늘로 표면을 정리하여 몸통을 다듬습니다.

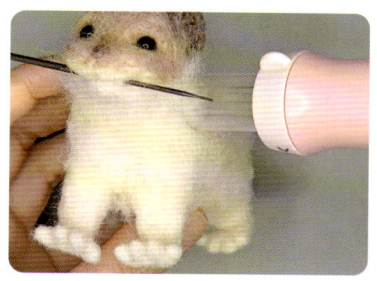 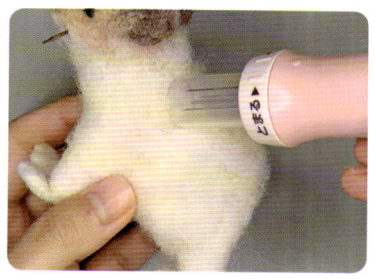

13 목과 몸통 앞다리가 연결되는 부분도 통통하게 얹습니다.

14 5구바늘로 전체적으로 펠팅하여 정리합니다.

4. 완성하기

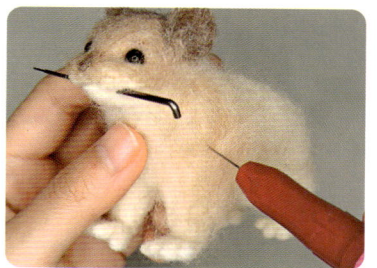  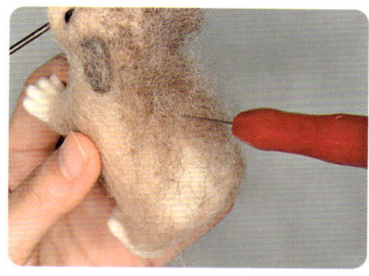

1 연갈색 양모를 다리부터 몸 옆부분에 얇게 올립니다. 1구바늘로 살살 펠팅하여 대충 올립니다.

2 5구바늘로 여러 번 튕기듯 펠팅하여 표면을 정리합니다.

3 흑갈색 양모를 머리 부분부터 엉덩이까지 이어 얇게 올리고 1구바늘로 살살 찔러 붙여 줍니다.

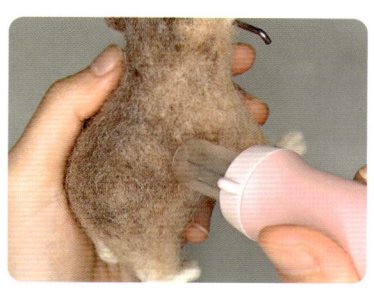  

4 5구바늘로 여러 번 튕기듯 펠팅하여 그러데이션이 자연스럽도록 표면을 정리합니다.

5 이제 입에 물고 있던 부러진 1구바늘을 제거합니다.

Part 3 귀여움 가득 동물 친구들

고슴도치

Animal
· 04 ·

고슴도치

고슴도치는 등과 옆구리 털이 가시와 같은 조직 형태를 가진 신기한 동물입니다.
털을 바짝 세웠을 때는 조심해야 하지요. 만들어 볼 고슴도치는 뒤집혀 있는 고슴도치입니다.
바짝 내려진 팔에 다양한 물건을 쥐어 주세요!

준비물 도안, 베이스 울, 흰색 양모, 연갈색 양모, 흑갈색 양모, 검정색 양모, 고슴도치 스킨, 4mm 검정 솔리드 눈, 시침핀

1. 고슴도치 스킨 만들기

1 고슴도치의 몸통을 만들 만큼의 베이스 울을 준비합니다.

2 도안 '몸통'을 참고하여 몸통 베이스를 만듭니다. 이때 바닥면은 납작할 수 있도록 작업 매트에서 최대한 떼지 않고 시계 방향으로 돌려 가며 1구바늘로 작업합니다.

3 도안과 비교하여 최대한 도안에 크기를 맞춥니다.

4 바닥면도 납작하게 정리합니다. 적당히 단단한 정도로 펠팅합니다.

5 도안 '고슴도치 스킨' 모양대로 고슴도치 스킨을 자릅니다. 몸통이 도안보다 크게 만들어졌다면 스킨도 크게 오립니다.

6 고슴도치 몸통의 볼록한 면을 중간에 맞춘 다음 스킨으로 감쌉니다.

Part 3 귀여움 가득 동물 친구들

7 몸통의 중간 부분 양 옆구리에 시침핀으로 스킨을 고정시킵니다. 시침핀은 좌우 대칭으로 맞춥니다.

8 몸통의 아래위도 시침핀으로 스킨을 고정시킵니다. 몸통이 중앙에 위치하도록 신경 씁니다.

9 꽂은 시침핀 사이에 시침핀을 하나씩 더 꽂아 스킨을 고정시킵니다. 역시 대칭일 수 있도록 신경 씁니다.

10 시침핀을 다 꽂고 난 후 들뜨는 부분을 검지손가락으로 눌러 접은 후 접힌 면을 일자로 칼집 내듯 자릅니다.

11 모서리를 자른 후 스킨이 들뜨지 않도록 최대한 몸통과 스킨을 밀착시키고 시침핀을 추가로 꽂습니다.

12 몸통에 밀착되지 않은 스킨을 전부 잘라냅니다.

13 잘라진 스킨이 들뜨지 않게 양 끝을 시침핀으로 고정시키고 들뜨는 면이 생기면 다시 자릅니다. 스킨을 자를 때는 스킨을 너무 많이 잘라 모자라지 않도록 주의합니다.

14 검정색 양모를 준비합니다.

15 아주 조금씩 1구바늘에 꽂아 스킨과 몸통을 이으며 절단면을 접합합니다.

16 마치 스테이플러로 찍는 것처럼 작업합니다. 안쪽부터 가장자리 방향으로 작업합니다.

17 스킨과 몸통이 붙을 가장자리에도 양모를 듬성듬성 심어 몸통과 스킨을 밀착시킵니다.

18 한 귀퉁이씩 차례대로 작업하여 모든 절단면과 가장자리를 몸통에 밀착시킵니다. 양모가 아닌 실과 바늘을 사용해도 됩니다

2. 얼굴 만들기

1 베이스 양모를 조금 뜯어 얼굴이 될 부분에 얹습니다.

2 위치만 잡는다는 느낌으로 1구바늘로 펠팅하여 얼굴 부분이 봉긋 솟게 만듭니다.

3 엉덩이가 되는 아랫부분도 약간 솟아오르게 양모를 덧대어 펠팅합니다.

4 옆에서 보면 이 정도로 올라옵니다.

5 연갈색 양모를 준비합니다. 도안 '주둥이'를 참고하여 주둥이를 1구바늘로 펠팅하여 만듭니다. 주둥이 끝이 최대한 단단하도록 만듭니다.

6 봉긋 솟은 얼굴 가운데에 얹고 1구바늘로 찔러 단단하게 붙입니다.

7 이렇게 보이는 것이 정상입니다. 위치를 비교 확인합니다.

8 얼굴을 만들 흰색 양모를 준비합니다.

9 주둥이를 5mm 정도 남기고 전부 흰색 양모로 덮고 1구바늘로 펠팅해 얼굴을 만듭니다. 이때, 주둥이 위치보다 아래로 얼굴 면적이 늘어나지 않게 주의합니다.

10 주둥이와 가까운 곳에 눈구멍을 뚫습니다. 양 눈은 1cm 간격으로 뚫습니다.

11 4mm 검정 솔리드 눈을 심습니다.

12 눈 심기는 여기까지만 해도 됩니다. 눈을 조금 더 그윽하게 만들고 싶다면 **13~16**번을 따라합니다.

※ PART 2.3 고양이 브로치 (3) 얼굴 디테일 만들기 참고

13 얇게 펠팅한 흰색 양모를 눈두덩이에 올립니다.

14 눈머리와 눈꼬리를 정한 후 1구바늘로 여러 번 그어 눈구멍을 만듭니다.

15 눈매를 잡아 주며 펠팅합니다.

16 양 눈을 똑같이 만듭니다.

17 주둥이에 쓰인 연갈색 양모를 잘 게 뜯습니다.

18 고슴도치의 볼을 만들며 주둥이와 얼굴의 경계를 자연스럽게 만듭니다.

19 양 볼을 전부 만듭니다.

20 도안 '귀'를 참고하여 귀를 만듭니다.

21 도안 '조립 예시'의 귀 위치를 참고해 만들어 놓은 고슴도치 머리 쪽에 귀를 붙입니다.

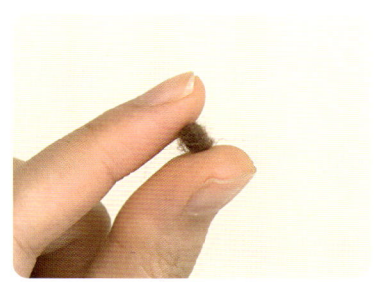

22 흑갈색 양모를 조금 뜯어서 손가락으로 비벼 맙니다.

23 코는 주둥이 끝에 1구바늘로 심으면서 모양을 잡습니다.

24 1구바늘로 원하는 입 모양을 집중적으로 찔러 그립니다.

3. 다리 붙이기

1 도안 '팔'을 참고하여 연갈색 양모로 팔을 만듭니다.

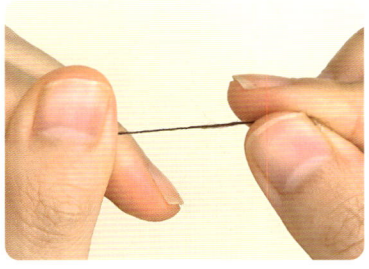

2 코를 만들 때 쓴 흑갈색 양모를 얇게 말아 줍니다.

3 도안 '팔'에 나와 있는 모양대로 팔 끝에 실 2개를 심어 손가락을 나눕니다.

4 개체가 얇고 작으니 조심하며 찌릅니다. 같은 방법으로 팔다리를 전부 만듭니다.

5 만들어 놓은 고슴도치 몸에 팔을 만세 자세로 놓고 1구바늘로 찔러 붙입니다.

6 접합면이 잘 붙었다면 두 팔을 내려 아래쪽으로 향하도록 잡고 1구바늘로 찔러 고정시킵니다.

7 다리를 붙일 때는 아래쪽을 향하게 1구바늘로 찔러 심어 줍니다.

8 접합면이 붙었다면 다리를 접어 올리고 1구바늘로 찔러 고정합니다. 보이는 부분이 발바닥처럼 보이도록 합니다.

9 얼굴에 쓰인 흰색 양모를 잘게 뜯어 준비합니다.

10 팔다리를 붙인 접합 부분을 덮고 1구바늘로 가려 주듯 펠팅합니다.

11 몸통 전체에 살을 붙이는 느낌으로 전부 흰색 양모를 덮어 약간 통통해 보이도록 펠팅 작업을 합니다.

12 마지막으로 흰색 양모를 작고 잘게 뜯습니다.

13 스킨이 시작되는 가장자리에 흰색 양모를 덧대어 1구바늘로 살살 펠팅합니다. 스킨의 절단면이 도드라져 보이지 않게 부스스하게 작업합니다.

14 가장자리를 전부 자연스럽게 만듭니다.

15 마지막으로 통통하지 않은 부분이 있는지 확인하여 포근해 보이도록 양모를 덧대어 보정합니다.

완성

Part 3 귀여움 가득 동물 친구들

병아리

Animal

05

병아리

실물 크기
도안
214쪽

어렸을 적 한 번쯤 키워 보셨을 병아리입니다. 병아리는 작은 날개와 노랗고 빵실한 털이 귀여움의 포인트죠.
이번 과정에서는 철사를 사용해 조류의 다리를 만들어 봅니다.
다리를 만들기가 어려운 분들은 둥지에 병아리를 앉혀 다리 만들기를 생략해도 됩니다.

준비물 도안, 노란색 양모, 개나리색 양모, 27호 꽃철사(지철사), 평집게, 니퍼 또는 가위, 3mm 검정 솔리드 눈, 목공용 본드

1. 도안에 맞춰 얼굴 만들기

1 노란색 양모를 준비합니다.

2 도안 '몸통'을 참고하여 몸통을 만들 만큼 양모를 뜯어 맙니다.

3 1구바늘로 펠팅하여 모양을 고정시킵니다. 도안 '몸통'과 크기를 비교하며 펠팅합니다.

4 같은 노란색 양모를 준비해 도안 '머리'를 참고하여 1구바늘로 펠팅해 머리를 만듭니다. 몸통과 연결될 부분은 펠팅하지 않습니다.

5 만들어진 머리의 접합면을 최대한 넓게 펼쳐 몸통 위에 위치를 잡습니다.

6 1구바늘로 찔러 머리와 몸통을 붙입니다.

7 도중에 찌그러진 면이 생겼다면 잘게 찢은 노란색 양모를 덧대어 펠팅해 표면을 정리합니다.

2. 얼굴 만들기

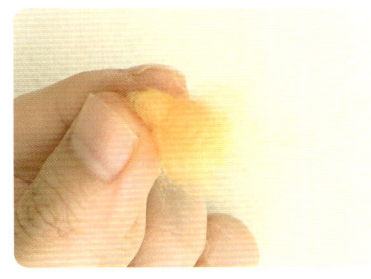

1 개나리색 양모를 작은 부리를 만들 만큼 말아 잡습니다. 크기는 도안 '부리'를 참고하되 본인이 만든 병아리에 알맞은 사이즈로 맙니다.

2 접합면을 제외하고 작업 매트 위에서 돌려가며 1구바늘로 찔러 어느 정도 고정되게 합니다. 손으로 비벼 표면을 마무리합니다.

3 얼굴 위에 올린 다음 모양을 잡아가며 1구바늘로 찔러 붙입니다. 얼굴 위에 개나리색 양모가 덮이는 것은 신경 쓰지 않아도 됩니다.

4 부리의 모양이 잡혔다면 노란색 양모를 잘게 뜯어 얼굴 위에 얇게 덮고 1구바늘로 펠팅합니다.

5 3번에서 얼굴 위 개나리색 양모가 덮인 부분을 가려 부리와 얼굴의 경계를 만들어 줬습니다.

6 얼굴을 옆에서 보고 부리 끝에서부터 일자로 내려오는 부분을 확인합니다.

7 부리 끝에서 일자로 내려오는 부분에서 적당한 곳에 눈을 심을 위치를 수성펜(섬유용)으로 표시합니다.

8 부러진 1구바늘 또는 송곳으로 표시한 곳에 눈구멍을 뚫습니다.

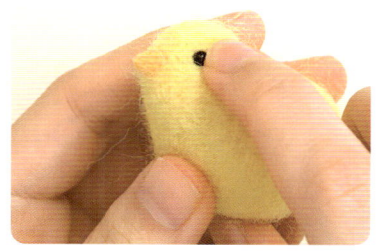

9 3mm 검정 솔리드 눈을 넣어 고정시킵니다.

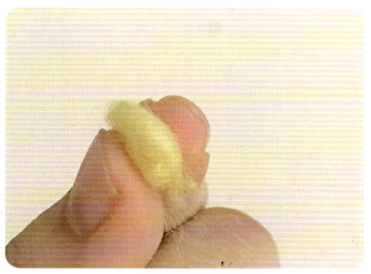

10 다시 노란색 양모를 아주 조금 말아 쥡니다.

11 눈 아래에 말아 쥔 양모를 1구바늘로 찔러 붙여 볼살을 표현합니다.

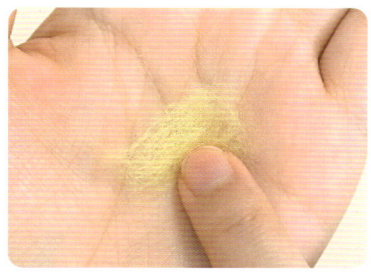

12 노란색 양모를 잘게 찢은 다음 손가락으로 살살 문질러 펠팅합니다.

※ PART 2.3 고양이 브로치
(3) 얼굴 디테일 만들기 참고

13 볼살을 붙인 면부터 눈 전체가 덮이도록 12번의 양모를 얹고 1구바늘로 찔러 붙입니다.

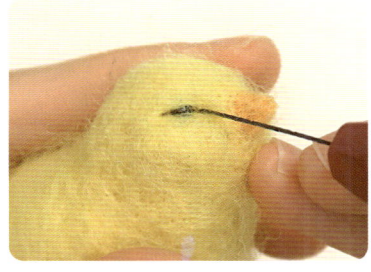

14 눈머리와 눈꼬리 위치를 잡고 1구바늘로 여러 번 그어 눈구멍을 만듭니다.

15 눈두덩이를 살살 찔러 모양을 잡습니다.

3. 날개 붙이기

※ PART 2.2 곰 인형 (3) 귀 만들기 참고

1 노란색 양모를 날개를 만들 만큼 조금 뜯어서 잘게 찢습니다. 작업 매트 위에서 5구바늘로 납작하게 펠팅합니다.

2 도안 '날개'를 참고하여 모양을 잡습니다. 중간중간 여러 번 뒤집으며 펠팅합니다. 5구바늘로 어느 정도 펠팅되면, 1구바늘로 펠팅해 모양을 잡습니다.

3 날개의 가장자리는 살살 찔러 정리합니다. 위험하니 두꺼운 종이로 잡아서 펠팅하는 것을 추천합니다.

4 같은 크기의 날개를 한 쌍 만듭니다.

5 날개를 붙일 때는 도안 '조립 예시'를 참고하되 본인의 병아리에게 가장 적합한 위치에 놓고 1구바늘로 찔러 붙입니다.

6 좌우 대칭을 이루도록 반대편 날개도 붙입니다.

4. 다리 만들기

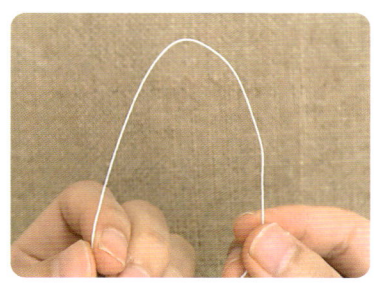
1 27호 꽃철사(지철사)를 준비합니다.

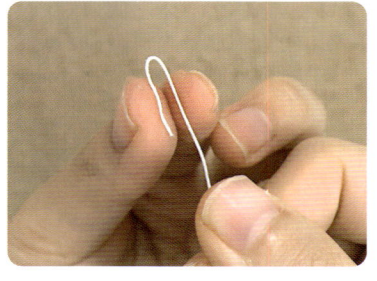
2 15mm 정도 잡고 접습니다.

3 검지로 끝을 잡고 꼰 다음 최대한 벌립니다.

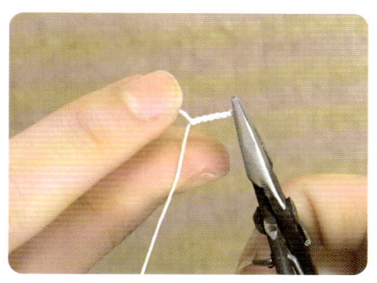

4 꼬아진 끝부분을 잡고 15mm의 철사가 끝날 때까지 꼽니다. 끝부분을 잡을 때는 평집게를 사용하면 편합니다.

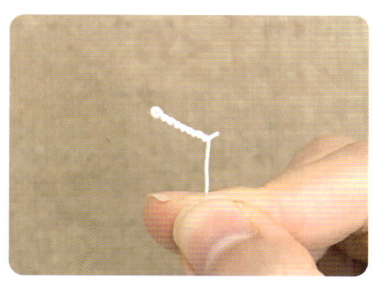

5 발가락 1개가 만들어졌습니다.

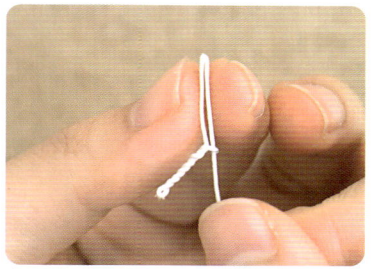

6 방금 꼰 철사 끝부터 15mm 부근에서 다시 접습니다.

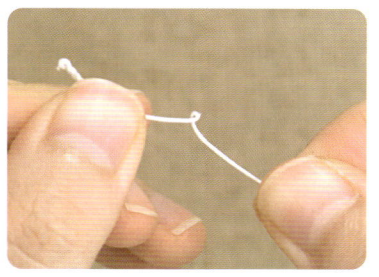

7 3번에서와 같이 꼽니다.

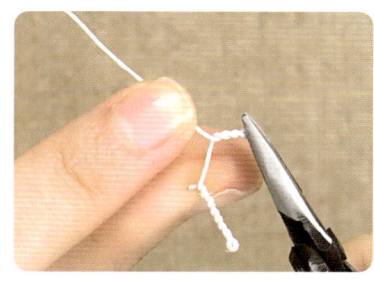

8 첫 번째 발가락과 만날 때까지 꼽니다.

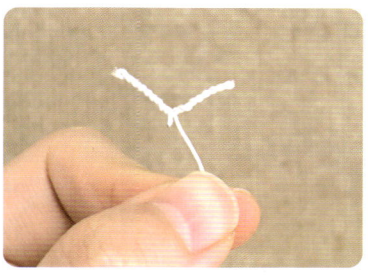

9 이렇게 발가락이 2개 만들어졌습니다.

10 두 번째 발가락을 만들 때와 같은 방법으로 세 번째 발가락도 만듭니다.

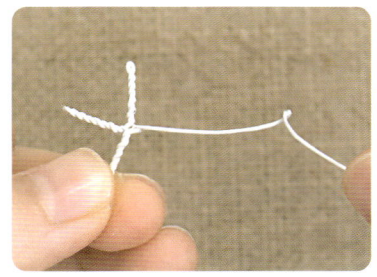

11 어느 정도 길게 잡아 꼽니다. 다리를 만드는 것이니 너무 짧지만 않게 꼽니다.

12 최대한 균일하게 꼬아지도록 신경 씁니다.

13 병아리 발이 만들어졌습니다.

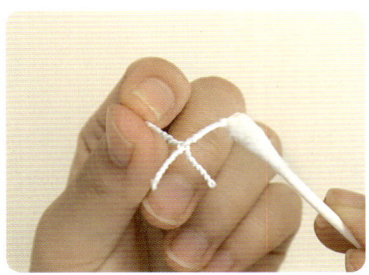
14 면봉으로 목공용 본드를 발가락 하나에 바릅니다.

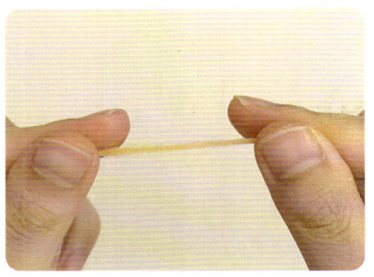
15 개나리색 양모를 약간 준비해 최대한 실처럼 얇고 팽팽하게 만듭니다.

16 목공용 본드를 발라 놓은 발가락에 감습니다.

17 발가락 끝부분까지 균일하게 양모가 둘러지도록 신경 씁니다.

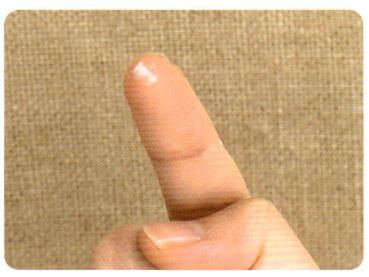
18 손가락에 목공용 본드를 조금 올립니다.

19 잘 붙지 않는 발가락 끝부분을 본드를 바른 손으로 잡아 붙입니다. 이때 손가락으로 접합면을 비비거나 본드를 너무 많이 쓰지 않게 조심합니다.

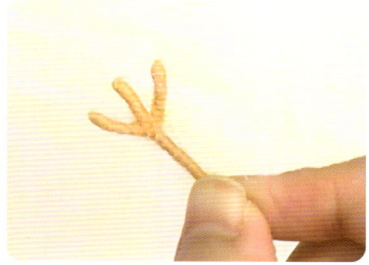
20 같은 방법으로 병아리 발 전체에 양모를 두릅니다. 시간을 두고 본드를 충분히 말립니다. 발은 2개 만듭니다.

21 송곳으로 병아리 발이 들어갈 구멍을 뚫습니다.

 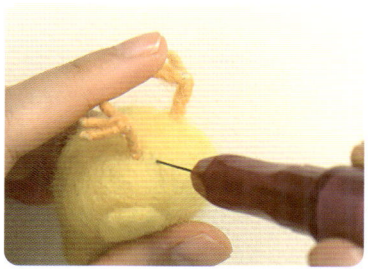

22 만든 병아리 발을 넣습니다.

23 1구바늘로 여러 번 찔러 다리를 고정시킵니다.

완성

Part 3 귀여움 가득 동물 친구들

Animal
06
암탉

이번에 만들 닭은 이전에 만든 병아리의 엄마입니다! 닭은 풍요의 상징으로 닭 모양 장식을 두기도 하는데요, 그래서 병아리와 함께 만들어 봤답니다. 닭의 머리 위의 빨간 살은 볏이라고 하는데 벼슬이라 표기했고, 부리 아래에 있는 빨간 살은 육수라고 하는데 편의상 고기수염이라 표기했습니다. 그럼 암탉을 만들어 볼까요?

준비물 도안, 흰색 양모, 빨간색 양모, 개나리색 양모, 4mm 검정 솔리드 눈

1. 암탉 베이스 만들기

1 암탉 머리와 몸통 베이스를 만들 만큼의 흰색 양모를 준비합니다.

※ PART 2.1 양모 다루기 (4) 펠팅하기 참고

2 도안 '머리 베이스'를 참고하여 흰색 양모를 단단하게 말아 쥐어 펠팅합니다. 이때 목 부분은 펠팅하지 않습니다.

3 몸통용 흰색 양모로 도안 '몸통 베이스'를 참고하여 몸통 베이스도 만듭니다.

4 만들어 놓은 머리 베이스의 펠팅되지 않은 목 부분을 최대한 얇고 넓게 폅니다.

5 도안 '암탉 베이스'를 참고하여 몸통의 적당한 위치에 머리를 얹습니다.

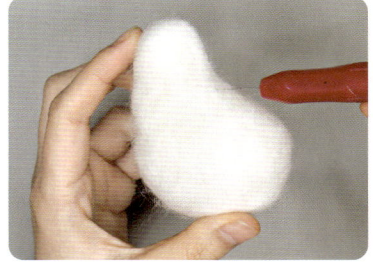

6 1구바늘로 여러 번 찔러 머리와 몸통을 단단하게 고정시킵니다. 이때 도안 '암탉 베이스'를 참고하여 모양을 최대한 다듬습니다.

2. 얼굴 모양 잡기

1 개나리색 양모를 부리를 만들 만큼 준비합니다. 강하게 말아 쥐고 1구바늘로 펠팅합니다. 중간중간에 손가락으로 비비면 표면이 정리됩니다.

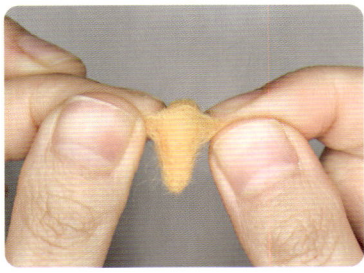

2 단단하게 펠팅되었으면 얼굴과 붙을 면을 최대한 넓게 펼칩니다.

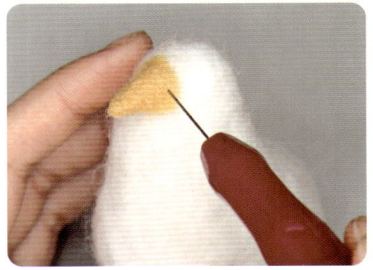

3 얼굴 가운데에 부리를 놓고 1구바늘로 찔러 붙입니다.

4 흰색 양모를 손톱만큼 쥔 다음 동그랗게 비벼 맙니다.

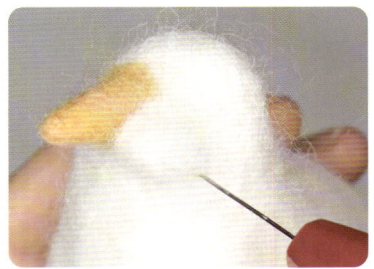

5 부리 옆쪽에 올린 후 1구바늘로 찔러 붙이면서 모양을 잡아 볼살을 만듭니다.

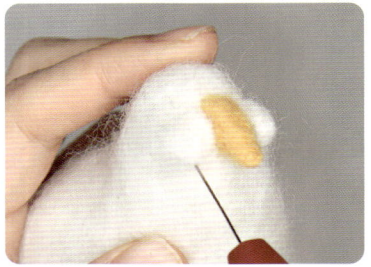

6 반대편도 대칭을 신경 써서 붙입니다.

3. 벼슬 만들기

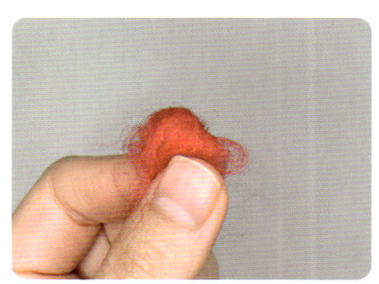

1 닭벼슬을 만들 빨간색 양모를 준비합니다.

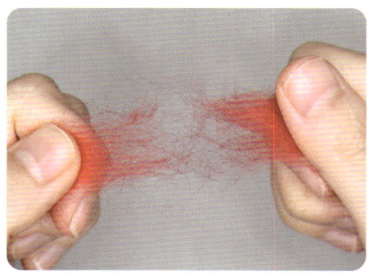

2 최대한 잘게 찢어 양모의 결이 짧아지게 만듭니다.

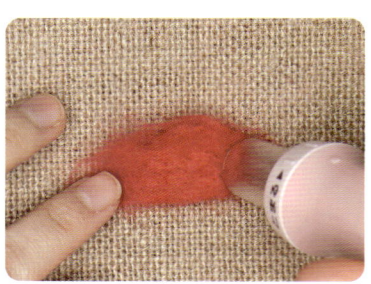

3 작업 매트 위에 얇고 넓게 펼친 다음, 5구바늘로 자주 뒤집으며 펠팅합니다.

4 어느 정도 펠팅이 되었으면 가위를 이용해 4mm 간격으로 3등분합니다. 완전히 자르지는 않습니다.

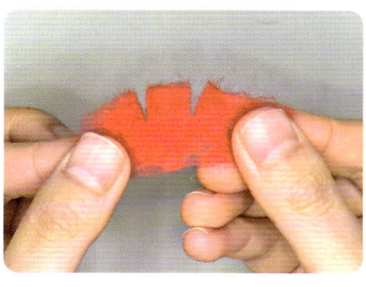

5 가장자리를 펠팅하면 작아지니, 원하는 크기보다 넓은 간격으로 깊게 자릅니다.

6 작업 매트 위에서 잘린 단면 좌우를 1구바늘로 펠팅합니다.

7 가장자리를 1구바늘로 찔러 정리하며 모양을 최대한 도안과 비슷하게 만듭니다.

8 닭벼슬 크기만큼 남기고 가위로 자릅니다.

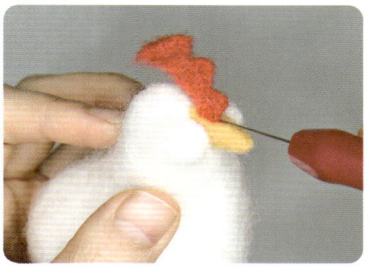

9 벼슬을 닭의 부리 끝에서부터 머리 가운데에 놓고 1구바늘로 심듯이 찔러 붙입니다.

10 닭벼슬을 심으며 모양을 정리합니다.

11 부러진 1구바늘 또는 송곳으로 눈구멍을 뚫습니다. 4mm 검정 솔리드 눈을 눈구멍에 넣습니다.

12 흰색 양모를 약간 뭉쳐 눈 위쪽에 붙여서 눈을 단단하게 심습니다.

13 눈 주변에 색을 입힐 빨간색 양모를 약간 뜯어 준비합니다.

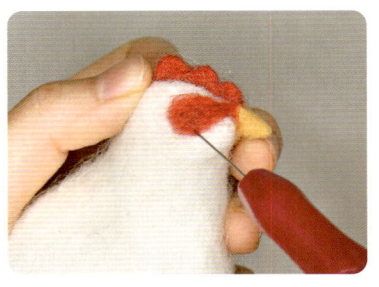

14 빨간색 양모를 눈 위에 얇게 올려 눈 전체를 덮은 후 부리 안쪽과 벼슬이 이어지도록 모양을 내 펠팅합니다.

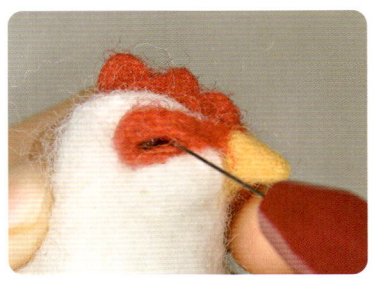

15 눈꼬리와 눈머리 사이를 1구바늘로 여러 번 그어 눈구멍을 만듭니다.

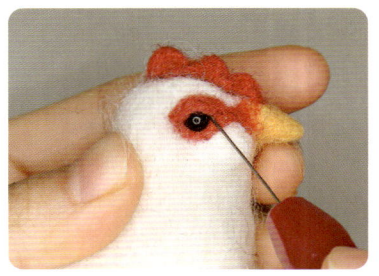

16 눈을 위쪽으로 열고 눈두덩이를 가볍게 펠팅하여 눈매를 만듭니다.

17 빨간 양모를 1구바늘을 사용해 얇고 동그랗게 펠팅하여 고기수염을 만듭니다.

18 볼과 부리 사이부터 부리 아래까지 늘어지는 모양이 되도록 고기수염을 1구바늘로 찔러 붙입니다.

19 고기수염을 1개 더 만들어 반대편에도 대칭으로 붙입니다.

20 부리에 쓰인 노란색 양모를 약간 뜯어서 부리의 가장 안쪽에 심어 디테일을 표현합니다.

21 입 모양이 완성되었습니다.

4. 날개, 꼬리 만들어 완성하기

1 도안 '꼬리'를 참고하여 꼬리를 만들 만큼의 흰색 양모를 준비합니다.

2 작업 매트 위에 도안 '꼬리'보다 약간 넓게 펼쳐 5구바늘로 펠팅합니다. 펠팅 중에 자주 뒤집어 꼬리가 작업판에 심기지 않게 합니다.

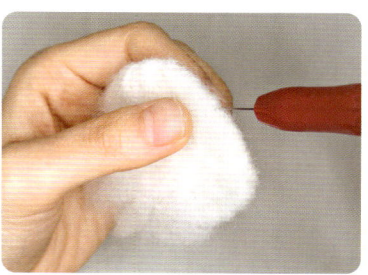

3 꽤 단단해졌으면 1구바늘로 가장자리를 다듬습니다. 도안 '꼬리'를 참고합니다.

4 몸통에 붙을 면은 펠팅하지 않습니다.

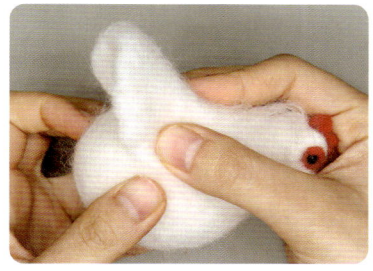

5 꼬리를 접어서 닭 엉덩이 위쪽에 올려 위치를 잡습니다.

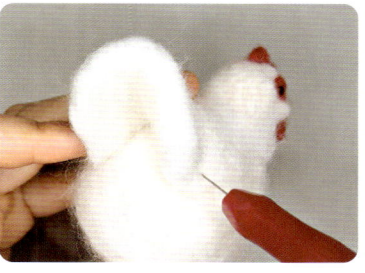

6 1구바늘로 여러 번 찔러 단단하게 붙입니다.

7 옆에서 봤을 때 꼬리 끝이 살짝 올라가도록 만듭니다.

8 도안 '날개'를 참고하여 날개를 만들 만큼의 흰색 양모를 준비합니다.

9 2번과 마찬가지로 작업 매트 위에서 자주 뒤집으며 5구바늘로 펠팅합니다.

 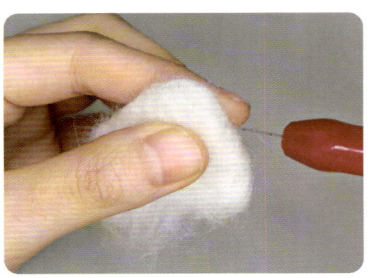 

10 양 귀퉁이를 접고 1구바늘로 고정시켜 세모 모양의 날개를 만듭니다.

11 1구바늘로 가장자리를 정리하며 도안 '날개'와 크기를 최대한 맞춥니다.

12 도안 '조립 예시'를 참고하여 날개를 적당한 위치에 붙입니다.

13 반대편 날개도 대칭으로 붙이면 완성입니다.

완성

오목눈이

Animal · 07 ·
오목눈이

실물 크기
도안
216쪽

오목눈이는 동글동글한 몸매에 긴 꽁지깃을 가진 작고 귀여운 새입니다.
그중 흰머리 오목눈이는 머리 전체가 흰 털로 이루어져 귀여움을 많이 받는 새입니다.

준비물 도안, 흰색 양모, 검정색 양모, 밤색 양모, 갈색 양모, 4mm 검정 솔리드 눈, 가위

1. 오목눈이 베이스 만들기

1 흰색 양모를 도안 '몸통 베이스(정면)'를 참고하여 양에 맞게 준비합니다.

※ PART 2.1 양모 다루기 (4) 펠팅하기 참고

2 단단하게 말아 쥔 다음 작업 매트 위에서 펠팅하여 동그란 몸통을 만듭니다. 전체적으로 동그랗게 만듭니다.

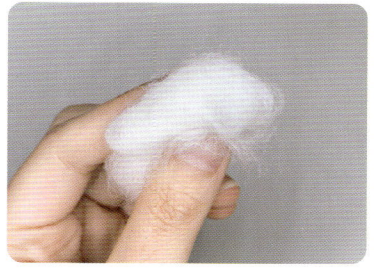

3 다시 흰색 양모를 조금 말아 집니다. 몸통 위에 붕긋하게 올라올 머리입니다. 도안 '얼굴 베이스'를 참고하여 양모의 양을 가늠합니다.

4 어느 정도 고정이 될 때까지 작업 매트에서 떼지 않고 시계 방향으로 돌려가며 펠팅합니다. 손에 힘을 풀었을 때 풀어지지 않을 정도만 펠팅합니다.

5 4번에서 만든 얼굴 베이스를 몸통 베이스 위에 얹고 1구바늘로 찔러 붙여 줍니다. 도안을 참고하여 모양을 다듬습니다.

6 도안 '꼬리 베이스'를 참고하여 꼬리도 4~5번과 같은 과정으로 만들어 몸통에 붙인 후 5구바늘로 팅기듯 펠팅하여 표면을 정리합니다.

7 도안 '베이스 조립 예시'와 비교해 모양이 비슷하도록 1구바늘로 찔러 정리합니다.

2. 꽁지깃 만들기

1 검정색 양모를 잘게 찢어 준비합니다.

※ PART 2.2 곰인형 (3) 귀 만들기 참고

2 작업 매트 위에 최대한 얇게 펼치고 5구바늘로 펠팅합니다. 자주 뒤집으며 펠팅합니다.

3 도안 '꽁지깃1'을 참고하여 양옆을 접어서 1구바늘로 펠팅하여 넓이를 맞춥니다. 이때 꽁지깃의 두께가 두꺼워지지 않도록 유의합니다.

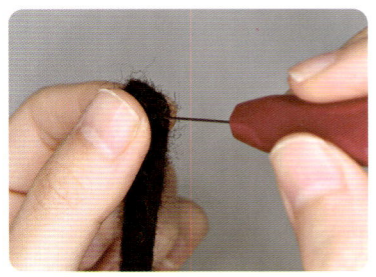

4 꽁지깃의 가장자리를 1구바늘로 조심스럽게 찔러 정리합니다. 두꺼운 종이로 접고 펠팅하면 안전합니다.

5 꽁지깃의 가운데를 5mm 정도 자릅니다.

6 잘린 면을 안쪽에서 바깥쪽으로 접은 다음 1구바늘로 펠팅합니다.

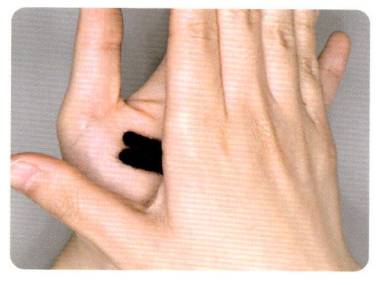

7 단단하게 펠팅되었으면 손의 열로 살살 비벼 표면을 정리합니다.

8 꽁지깃이 만들어졌습니다.

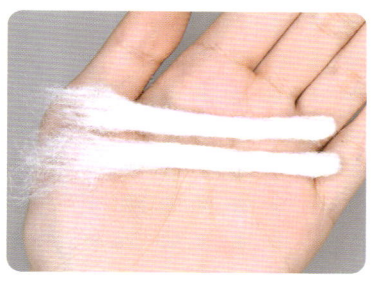

9 1~8번 과정과 같은 방법으로 흰색 양모를 사용해 꽁지깃 2개를 만듭니다. 도안 '꽁지깃2'를 참고합니다.

10 검정색 꽁지깃 양옆에 흰색 꽁지깃을 위치시킵니다. 부채꼴 모양입니다.

11 1구바늘로 검정색 양모에서 흰색 양모 쪽으로 찔러 붙입니다.

12 몸통의 가운데부터 일자로 내려오도록 꽁지깃을 심습니다.

13 흰색 양모를 접합면 위에 얇게 올리고 1구바늘로 펠팅하면 경계가 자연스럽게 이어집니다.

14 옆모습입니다. 꽁지깃이 너무 짧아지지 않도록 조심합니다.

Part 3 귀여움 가득 동물 친구들

3. 날개깃 만들기

1   밤색 양모를 준비합니다. 저는 밤색 양모에 검정색 양모를 약간 섞어 자연스러운 색감을 만들었습니다.

※ PART 2.2 곰인형 (3) 귀 만들기 참고

2   꽁지깃을 만들 때처럼 작업 매트 위에 얇게 펼쳐 5구바늘로 자주 뒤집으며 펠팅합니다.

3   도안 '날개깃'을 참고하여 끝을 접은 다음 1구바늘로 펠팅하여 모양을 고정시킵니다.

4   마찬가지로 가장자리를 세심하게 정리합니다. 날개깃 표면은 손의 열로 비벼 정리합니다.

5   이제 가운데를 가위로 잘라 나눕니다.

6   이렇게 나뉘었습니다.

7   2~6번 과정과 같은 방법으로 밤색, 검정색 2쌍, 흰색 2쌍을 만듭니다.

8   흰색 날개깃을 맨 아래 놓고 차례로 부채꼴 모양을 만듭니다. 깃 끝의 사선면이 아래로 향하도록 합니다. 얇게 펼친 밤색 양모를 절단면 위에 얹고 1구바늘로 펠팅하여 부채꼴 모양을 고정시킵니다.

9   대충 고정된 날개를 몸통 옆에 붙인 다음에 1구바늘로 마저 펠팅합니다. 이때 펼쳐진 밤색 양모는 날개의 모양을 만들며 그리듯 심습니다.

10 날개의 위치와 모양은 도안 '조립 예시(측면)'를 참고합니다.

11 반대편 날개도 대칭으로 펠팅하여 붙입니다.

4. 정리하고 눈, 입 붙여 완성하기

1 갈색 양모를 잘게 뜯어 준비합니다.

2 흰색과 검정색 날개 위쪽에 갈색 양모를 얹은 후 1구바늘과 5구바늘로 살살 펠팅하여 색을 입힙니다.

3 밤색 양모- 자연스럽게 이어지도록 얕게 찔러 펠팅합니다.

4 머리와 날개의 경계에 흰색 양모를 얇게 펼쳐 올리고 1구바늘과 5구바늘로 살살 펠팅하여 경계를 부드럽게 합니다.

5 반대편도 똑같이 작업합니다.

6 부러진 1구바늘 또는 송곳으로 눈구멍을 뚫습니다. 눈 위치는 도안 '조립 예시(정면)'를 참고합니다.

7 4mm 검정 솔리드 눈을 심습니다.

8 눈을 강하게 눌러 잡고 1구바늘로 가장자리를 찔러 단단하게 붙입니다.

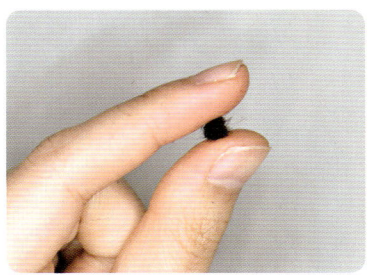

9 검정색 양모를 한꼬집 집은 다음 집게손가락으로 강하게 비벼 맙니다.

10 눈과 눈 사이에 심어서 작은 부리를 표현합니다.

아기 수달

Animal 08

아기 수달

실물 크기
도안
217쪽

수달은 우리나라의 천연기념물이자 멸종위기1등급 동물입니다.
수달은 머리가 좋고 야생 동물임에도 친화력이 좋아 길들이지 않아도
사람을 잘 따르는 희귀한 동물이라고 하지만 본성은 사나운 족제빗과에 속하므로 무작정 다가서는 안 됩니다.
그럼 초롱초롱한 눈망울을 가진 아기 수달을 만들어 봅시다.

준비물 도안, 베이스 울, 흑갈색 양모, 흰색 양모, 밤색 양모, 연분홍색 양모, 6mm 검정 솔리드 눈

1. 수달 베이스 만들기

1 도안 '머리 베이스'를 참고하여 머리를 만들 만큼 베이스 울을 준비합니다.

2 베이스 울을 꾹꾹 눌러 접어 동그란 형태로 맙니다.

3 1구바늘로 찔러 단단한 양모 볼을 만듭니다.

4 도안과 비교하며 크기를 맞춰 보고 도안보다 작다면 베이스 울을 덧댑니다.

5 몸통도 머리와 마찬가지로 베이스 울을 꾹꾹 눌러 접어 원통 형태의 몸통 베이스를 만듭니다. 도안과 비교하며 형태를 잡습니다.

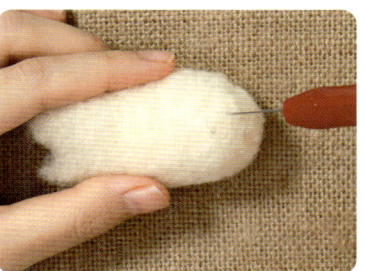

6 1구바늘과 3구바늘을 사용해 단단하게 펠팅합니다.

7 도안과 비교해 크기를 확인합니다. 너무 작거나 짧다면 베이스 울을 덧대어 다듬습니다.

8 도안을 참고하여 머리 베이스와 몸통 베이스 위치를 잡습니다.

9 머리를 작업 매트에 대고 몸통의 접합면을 그 위에 올린 다음 1구바늘로 찔러 붙입니다.

10 얼추 고정이 되었으면 사방을 찔러 더욱 단단하게 붙입니다.

11 부러진 1구바늘 또는 송곳으로 눈구멍을 뚫습니다. 눈의 위치는 도안을 참고합니다.

12 눈구멍에 6mm 검정 솔리드 눈을 심습니다.

13 눈을 강하게 눌러 잡고 눈 가장자리를 1구바늘로 찔러 눈이 얼굴 안쪽에 들어가도록 합니다.

14 반대쪽도 13번과 같이 눌러 심습니다.

15 흰색 양모를 주둥이를 만들 만큼 아주 조금 뜯습니다.

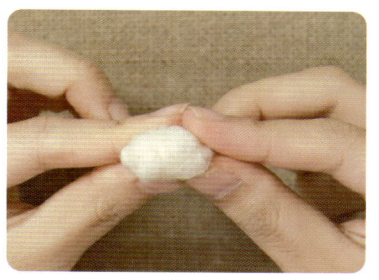
16 주둥이의 크기는 도안을 참고합니다. 양모를 강하게 말아 잡습니다.

17 두 눈 사이 아래쪽에 양모를 올리고 1구바늘로 주둥이 모양을 잡으며 펠팅합니다.

18 주둥이가 생긴 옆모습입니다.

19 흰색 양모를 주둥이보다 작게 뜯습니다.

20 주둥이 옆에 얹은 다음 1구바늘로 모양을 잡으며 펠팅하여 볼살을 만듭니다. 반대쪽도 대칭을 이루도록 펠팅합니다.

21 양 볼이 생긴 앞모습입니다.

2. 얼굴 만들기

1 흑갈색 양모를 최대한 잘게 뜯습니다.

※ PART 3.1 기니피그 (2) 색 입히기 참고
2 완성 사진과 도안 '얼굴 예시'를 참고하여 얼굴부터 몸통까지 1구바늘과 5구바늘로 펠팅하여 색을 입힙니다.

3 몸통의 길이나 크기가 부족하다면 양모를 덧대어 도안에 맞는 크기로 만듭니다.

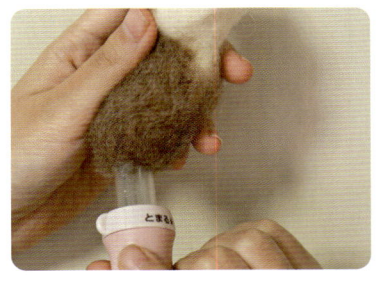

4 턱받이 흰색 부분을 제외한 모든 몸통에 색을 입혀 주고, 5구바늘로 표면을 정리합니다.

5 색이 입혀진 앞모습입니다.

6 위에서 본 모습입니다.

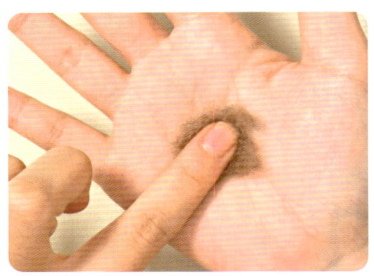

7 흑갈색 양모를 손바닥 위에서 손가락으로 살살 비벼서 펼쳐진 상태로 약간 펠팅되도록 합니다.

※ PART 2.3 고양이 브로치
(3) 얼굴 디테일 만들기 참고

8 손의 열로 펠팅된 양모를 눈 위에 얹고 덮듯이 고정시킵니다.

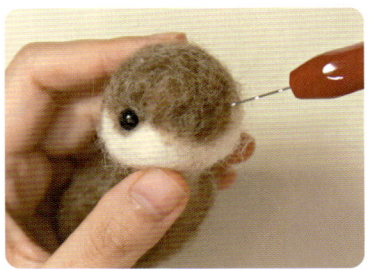

9 단단하게 펠팅하지 않고 가장자리를 정리하는 느낌으로만 고정시킵니다.

10 눈머리와 눈꼬리 위치를 잡고 1구바늘로 여러 번 그어 눈구멍을 만듭니다.

11 눈을 잡고 눈구멍의 위를 찔러 눈두덩이 모양을 만듭니다.

12 눈구멍 아래쪽을 찔러 눈 모양을 만듭니다. 반대편도 **7~11**번 과정을 반복합니다.

13 눈두덩이가 부족하면 한 번 더 **7~11**번 과정을 반복하여 눈두덩이를 두툼하게 만듭니다.

14 코를 만들 밤색 양모를 눈곱만큼 뜯습니다. 주둥이 끝 위쪽에 놓고 모양을 잡으며 1구바늘로 찔러 심습니다.

15 코 아래쪽으로 2.5mm 정도를 1구바늘로 집요하게 찔러 선을 새기듯 그립니다.

16 양쪽으로 4mm 정도 새기듯 선을 그려 뒤집힌 Y자 입을 만듭니다.

17 얼굴에 사용한 흰색 양모를 눈곱 만큼 뜯어 맙니다.

18 그려 놓은 입 아래쪽에 올린 다음 1구바늘로 자연스럽게 이어지도록 펠팅하여 턱을 만듭니다.

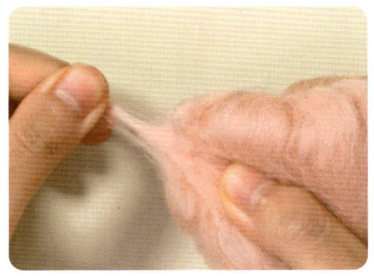

19 연분홍색 양모를 눈곱만큼 뜯습니다.

20 새겨 놓은 입 위에 얹고 1구바늘로 찔러 색을 입힙니다.

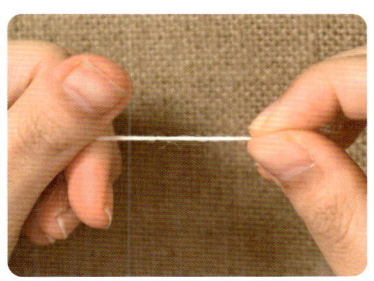

21 흰색 양모를 실처럼 얇게 꼬아 쥡니다.

22 눈 아래쪽에 언더라인을 1구바늘로 심어 그립니다.

23 심고 남은 부분은 가위로 자른 후 1구바늘로 정리합니다. 반대편 눈도 똑같이 합니다.

24 흰색 양모를 눈곱만큼 뜯어 눈 위쪽 눈두덩이 위에 얹습니다.

25 1구바늘로 최대한 살살 찔러 눈썹을 만듭니다. 조금 지저분하다 싶을 정도로 살살 얹습니다.

26 좌우 대칭을 맞춰 반대편 눈썹도 새깁니다.

27 흑갈색 양모를 귀를 만들 만큼 뜯습니다.

28 작업 매트 위에서 1구바늘로 어느 정도 쉽게 풀리지 않게 여러 번 뒤집으며 펠팅합니다.

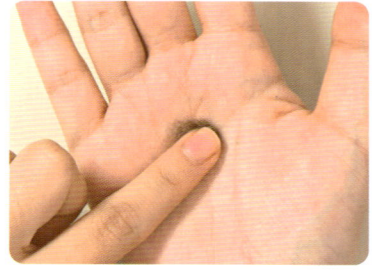

29 작업 매트 위에서 어느 정도 엉켰다면 손바닥 위에 놓고 비벼 표면을 정리합니다.

30 도안을 참고하여 적당한 위치에 귀를 1구바늘로 찔러 붙입니다.

31 좌우 대칭을 신경 쓰며 반대편 귀도 붙입니다.

3. 다리와 꼬리 만들어 완성하기

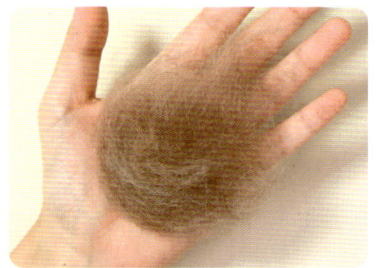

1 도안 '앞다리'를 참고하여 탁한 갈색 양모를 준비합니다.

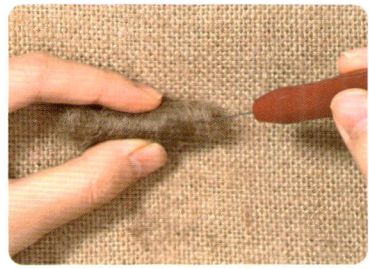

2 도안을 참고해 다리 사이즈에 맞게 단단히 말아 1구바늘로 펠팅합니다.

3 몸통과 이어지는 부분은 펠팅하지 않습니다.

4 탁한 갈색 양모를 발바닥을 만들 만큼 말아 잡습니다.

5 도안 '앞다리'의 발 쪽 크기를 참고하며 작업판 위에서 1구바늘로 납작하게 펠팅합니다.

6 앞다리O·앞발입니다.

7 앞발을 앞다리 끝에 말아 쥡니다.

8 작업 매트 위에서 앞발과 앞다리를 1구바늘로 찔러 붙입니다.

9 단단하게 붙을 때까지 펠팅합니다. 다리가 달랑거린다면 양모가 부족한 것이니 양모를 덧대어 단단하게 만듭니다.

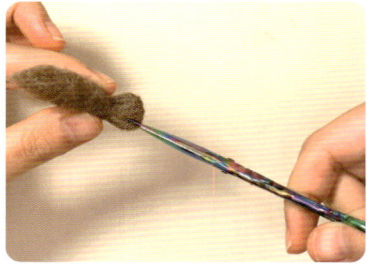

10 실가위로 발바닥을 2mm 정도 3번 갈라 4갈래가 되도록 만듭니다. 발가락을 만드는 과정입니다.

11 잘린 단면은 1구바늘로 모양을 잡으며 찔러 정리합니다.

12 1~11번 과정과 같은 방법으로 앞다리 한 쌍과 뒷다리 한 쌍을 만듭니다.

13 도안을 참고하여 다리들을 1구바늘로 찔러 몸통 적당한 위치에 붙입니다.

14 뒷다리는 연결하며 살을 붙여 엉덩이가 통통해 보이도록 합니다.

15 마지막으로 흑갈색 양모를 검지만 한 길이로 뜯습니다.

16 작업 매트에서 1구바늘로 펠팅 후 손으로 비벼 마무리해 긴 꼬리를 만듭니다.

17 엉덩이의 적당한 위치에 1구바늘로 찔러 붙입니다.

Part 3 귀여움 가득 동물 친구들

레서판다

Animal
• 09 •
레서판다

실물 크기
도안
218쪽

짧은 주둥이에 귀여운 생김새! 앞다리를 번쩍 들어올려 귀여운 포즈로 경계하는
너구리 같은 이 아이는 레서판다입니다. 그 짧은 다리를 들면 심장을 부여잡지 않을 수가 없는데요.
이 귀여운 아이는 대나무 잎과 죽순을 주로 먹고 가끔 곤충도 먹는다고 합니다.
그럼 같이 만들어 볼까요?

 도안, 베이스 울, 흰색 양모, 황갈색 양모, 적갈색 양모, 검정색 양모, 진회색 양모,
연분홍색 양모, 5mm 검정 솔리드 눈, 8mm 검정 사각 코

1. 레서판다 베이스 만들기

1 레서판다의 머리 베이스를 만들 만큼 베이스 울을 말아 줍니다.

2 도안 '머리 베이스'를 참고하여 1구 바늘로 펠팅합니다. 양모가 너무 단단해지지 않도록 주의합니다.

※ PART 2.2 곰 긴형 (5) 몸통 붙이기 참고

3 도안 '몸통 베이스'를 참고하여 베이스 울로 몸통을 만듭니다. 목 부분은 펠팅하지 않습니다.

4 목의 펠팅되지 않은 부분을 머리 아래쪽에 심듯 1구바늘로 찔러 단단하게 붙입니다.

5 흰색 양모를 2cm 정도의 타원형으로 단단하게 말아 줍니다.

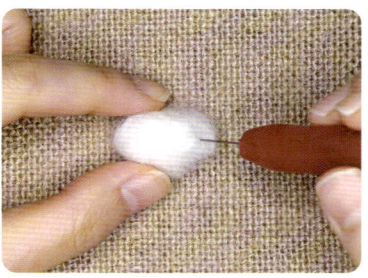

6 작업 매트 위에서 1구바늘로 펠팅해 손에 힘을 풀어도 모양이 흐트러지지 않게만 살짝 고정시킵니다.

Part 3 귀여움 가득 동물 친구들   123

7 '머리 베이스' 아랫부분에 1구바늘로 찔러 붙이며 주둥이 모양을 만듭니다.

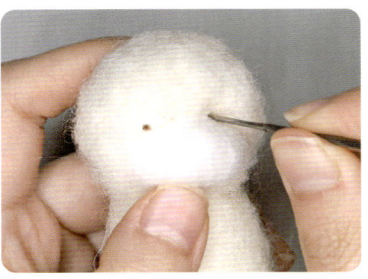

8 주둥이 위쪽에 부러진 1구바늘 또는 송곳으로 눈구멍을 뚫습니다. 눈 사이 간격은 9mm입니다.

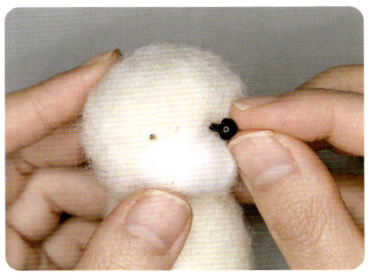

9 5mm 검정 솔리드 눈을 눈구멍에 심습니다.

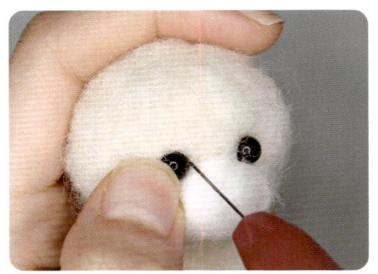

10 눈을 눌러 잡고 1구바늘로 가장자리를 찔러 단단하게 심습니다. 헐거울 경우 목공용 본드로 붙입니다.

11 부러진 1구바늘 또는 송곳으로 코가 들어갈 구멍을 뚫습니다. 뚫린 구멍이 너무 타이트하다면 실가위로 구멍을 넓힙니다.

12 사각 코(검정색 8mm)를 넣어 심습니다.

13 흰색 양모를 얇게 펼쳐 작업 매트 위에서 5구바늘로 펠팅합니다. 자주 뒤집으면서 펠팅하세요.

14 도안 '귀'의 모양을 참고하여 양모를 귀 모양으로 접은 다음 1구바늘로 가장자리를 다듬습니다.

15 머리에 붙을 면은 펠팅하지 않습니다. 같은 크기로 하나 더 만듭니다.

16 귀를 반으로 눌러 접습니다.

17 두 귀를 접힌 모양으로 머리 위에 대칭이 되도록 올리고 1구바늘로 펠팅하여 붙입니다.

18 여기까지가 레서판다 기초 작업입니다.

2. 얼굴 만들기

1 황갈색 양모를 잘게 찢어 준비합니다.

2 콧잔등 위쪽에 황갈색 양모를 얇게 올리고 1구바늘로 찔러 색을 입힙니다.

3 적갈색 양모도 잘게 뜯어서 눈 아래쪽을 시작으로 모양을 만들며 1구바늘로 찔러 심습니다.

4 머리 뒤쪽에도 적갈색 양모를 입힙니다.

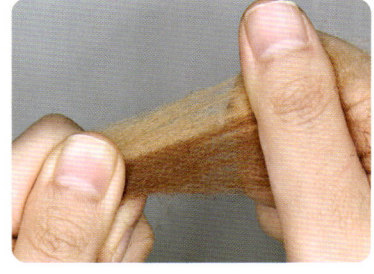

5 황갈색 양모와 적갈색 양모를 여러 번 겹쳐 뜯어 섞습니다.

6 여러 번 잘게 뜯어 주면 이렇게 색이 섞입니다.

7 귀 앞쪽 황갈색과 적갈색 양모의 경계에 얇게 올린 다음 1구바늘로 살살 찔러 색을 자연스럽게 잇습니다.

8 머리 위쪽에도 6번의 양모를 얇게 올려 뒤통수의 적갈색 양모와의 경계도 풀어 줍니다.

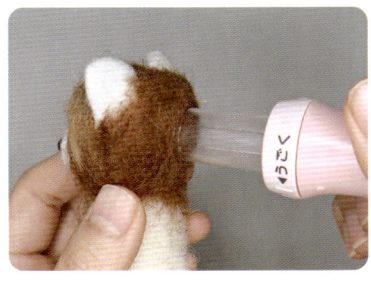

9 5구바늘로 색이 입혀진 표면을 튕기듯 펠팅하여 전체적으로 정리합니다.

10 흰색 양모를 아주 약간 뜯습니다.

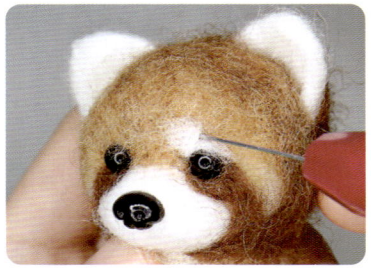

11 눈 위쪽에 흰색 양모를 얹고 1구바늘로 찔러 눈썹을 심습니다. 완성 도안을 참고합니다.

12 흰색 얼굴 무늬도 심습니다. 이때 볼살을 심듯 두툼하게 올리고 1구바늘로 찔러 붙입니다.

13 그 뒤에 적갈색 양모를 올려서 1구바늘로 세심하게 펠팅하여 볼 살과 무늬 모양을 완성합니다.

14 대칭되게 반대편도 완성합니다.

15 진회색 양모를 아주 조금 뜯어 준비합니다. 색상이 없다면 회색에 검정색을 섞으면 진회색이 됩니다.

16 귀 안쪽에 1구바늘로 찔러 그림자를 표현합니다.

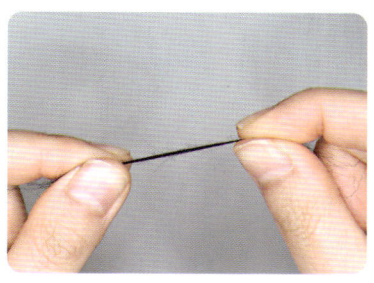

17 검정색 양모를 얇게 말아 줍니다.

18 코 아래에 1구바늘로 찔러 넣어 넓은 시옷 모양으로 입을 만듭니다.

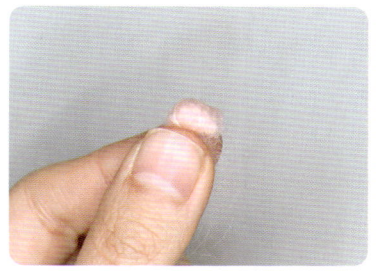

19 혓바닥을 만들 연분홍색 양모를 아주 조금 준비합니다.

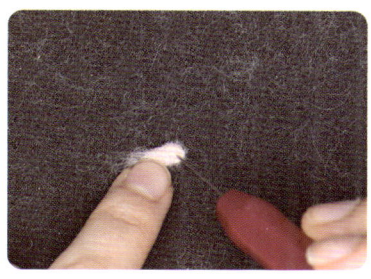

20 작업 매트 위에서 1구바늘로 찔러 아주 작게 펠팅합니다.

21 혓바닥을 입 아래쪽에 1구바늘로 심어 메롱하는 입을 만듭니다.

3. 팔다리 만들기

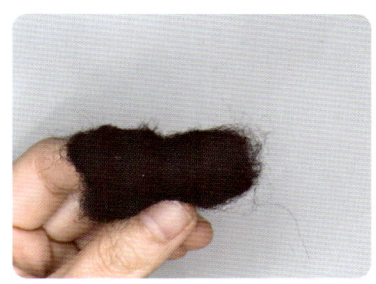

1 검정색 양모를 팔을 만들 만큼 말아 줍니다.

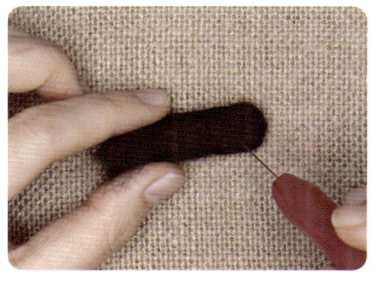

2 도안 '팔'을 참고하여 작업 매트 위에서 1구바늘로 펠팅합니다. 몸통에 붙을 어깨 부분은 펠팅하지 않습니다.

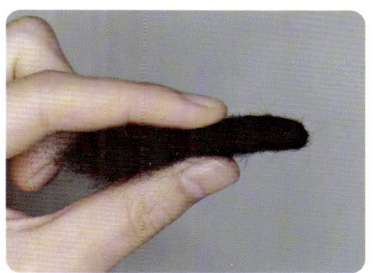

3 손바닥이 위치할 면이 판판하도록 만듭니다.

4 도안 '팔'을 참고하여 황갈색 양모를 조금 뜯어서 1구바늘로 손바닥을 만듭니다.

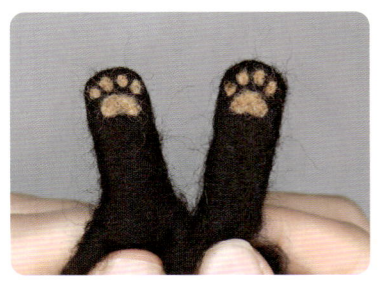

5 손가락도 심습니다. 같은 크기로 하나 더 만듭니다.

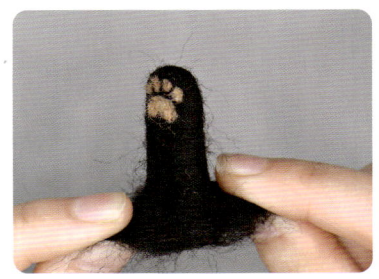

6 몸통에 붙을 펠팅되지 않은 면을 최대한 넓게 펼칩니다.

7 레서판다의 몸통에 올려놓고 시침핀을 이용해 두 팔의 위치를 잡습니다.

8 1구바늘로 찔러 팔을 몸통에 심습니다. 고정이 되면 시침핀을 뽑습니다.

9 포즈를 더 단단하게 고정시키며 다듬습니다.

10 1~3번 과정과 같은 방법으로 조금 더 긴 다리를 만듭니다.

11 어느 정도 펠팅이 되면 도안 '다리'를 참고하여 다리 끝 2cm 정도를 접습니다. 1구바늘로 찔러 모양을 고정해 발을 만듭니다.

12 발이 고정되면 몸통에 붙을 펠팅되지 않은 허벅지 끝을 최대한 넓게 펼칩니다.

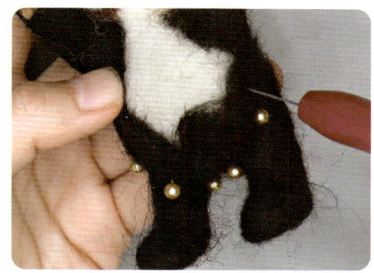

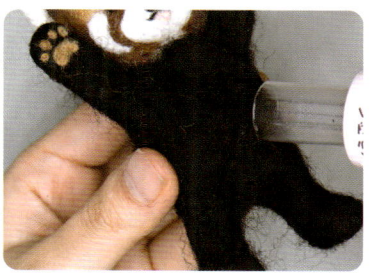

13 마찬가지로 시침핀을 이용해 몸통 아래쪽에 두 다리의 위치를 잡고 1구바늘로 심습니다.

14 고정이 되면 시침핀을 제거합니다. 포즈를 더 단단하게 고정시키며 다듬습니다.

15 검정 양모를 얇게 펼쳐서 배 위에 얹고 5구바늘로 펠팅하여 색을 입힙니다.

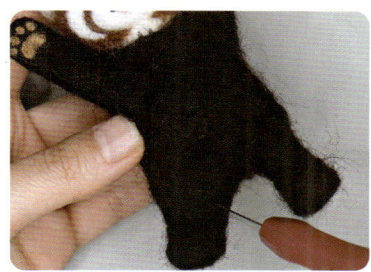

16 허벅지와 엉덩이가 통통하게 이어지도록 발목 위쪽부터 엉덩이 쪽까지 검정 양모를 얇게 두릅니다.

17 1구바늘로 펠팅하여 두 다리를 통통한 모양으로 만듭니다. 완성 도안을 참고합니다.

4. 정리하고 꼬리 붙이기

1 검정 양모를 잘게 뜯습니다.

2 목과 얼굴의 경계에 검정 양모를 얇게 얹고 1구바늘로 펠팅해 경계를 메꿉니다.

3 적갈색 양모를 잘게 뜯습니다.

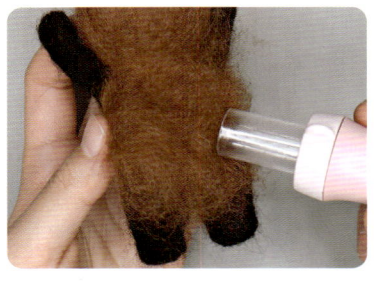

4 몸통 뒤쪽에 얇게 올리고 5구바늘로 펠팅하여 색을 입힙니다. 보드랍게 색이 입혀지도록 오랫동안 튕기듯 펠팅합니다.

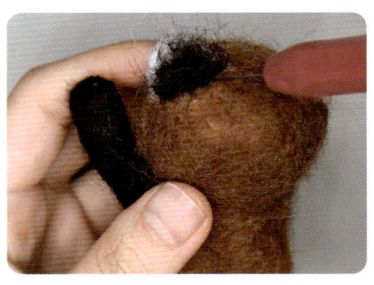

5 잘게 뜯은 검정색 양모를 귀 뒤쪽에 얇게 얹고 1구바늘로 펠팅하여 심습니다.

6 적갈색 양모에 검정색 양모를 아주 약간 섞은 다음 여러 번 잘게 뜯어 섞습니다.

7 색이 섞이며 잘게 뜯어진 더 진한 갈색 양모입니다.

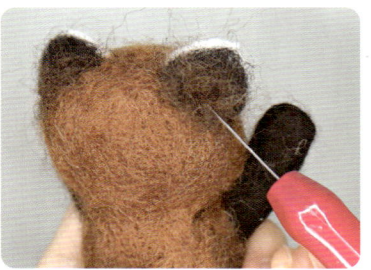

8 귀와 뒤통수의 경계면에 만든 갈색 양모 일부를 얇게 올린 다음 1구바늘로 펠팅하여 경계를 풀어 줍니다. 양쪽 모두 합니다.

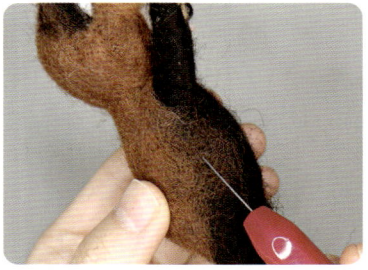

9 같은 방법으로 옆구리 경계도 풀어 줍니다.

10 적갈색 양모를 '꼬리'를 만들 만큼 말아 1구바늘로 펠팅합니다. 몸통과 붙을 꼬리 안쪽 부분은 펠팅하지 않습니다.

11 6~7번에서 만들어 둔 더 진한 갈색 양모로 꼬리에 무늬를 5줄 정도 심습니다.

12 꼬리 안쪽 부분으로 갈수록 무늬 굵기가 얇아지게 심습니다.

13 꼬리의 펠팅되지 않은 부분을 최대한 넓게 펼칩니다.

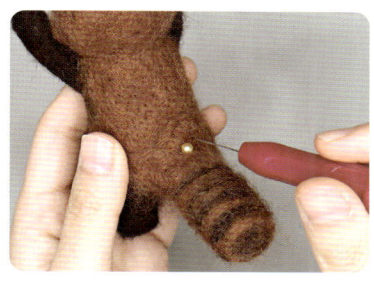

14 바닥에 놓았을 때 두 다리와 꼬리가 균형을 잡고 서 있을 수 있도록 시침핀으로 꼬리의 위치를 잡은 후 1구바늘로 펠팅하여 심습니다.

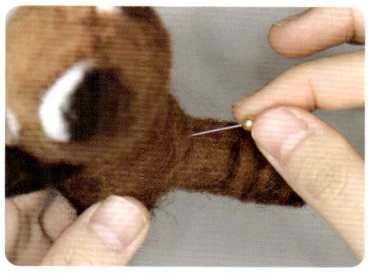

15 고정이 되면 시침핀을 제거하고 다듬습니다.

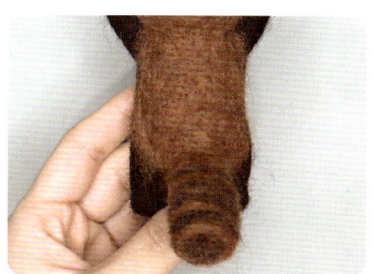

16 꼬리까지 다듬으면 완성입니다.

Part 3 귀여움 가득 동물 친구들

물개

Animal
· 10 ·

물개

실물 크기
도안
219쪽

물개는 고래처럼 수생 포유류로 바다에서 주로 서식합니다.
이 장에서 만들어 볼 물개는 남방계 물개인 갈색 물개입니다. 물개의 네 다리는 지느러미처럼 생겼고,
귓바퀴가 있는 것이 특징입니다. 귓바퀴가 없다면 자칫 물범이 될 수 있으니 주의해 주세요!

준비물 도안, 베이스 울, 흑갈색 양모, 밤색 양모, 5mm 검정 솔리드 눈

1. 물개 베이스 만들기

※ PART 2.1 양모 다루기 (4) 펠팅하기 참고

1 도안 '몸통 베이스 정면'을 참고하여 베이스 울로 몸통 베이스 반을 만듭니다. 도안으로 봤을 때 몸통의 바닥면이 되는 부분은 펠팅하지 않습니다.

2 1번이 만들어졌다면 도안과 비교해 보고, 크기가 부족하면 양모를 덧대어 다듬습니다.

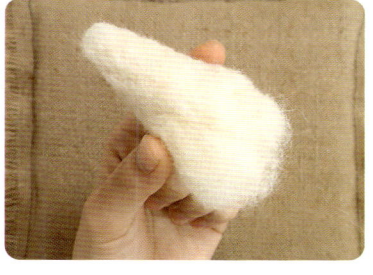

3 1번과 같은 방법으로 도안 '몸통 베이스 상면'을 참고하여 몸통의 나머지 반을 만듭니다. 상면 도안을 봤을 때 왼편, 정면이 되는 면은 펠팅하지 않습니다.

4 1번과 3번에서 만들어진 베이스의 풀어진 면끼리 맞닿게 합니다. 도안 '몸통 베이스 측면'을 참고하여 위치를 잡습니다.

5 1구바늘로 깊숙이 찔러 몸통 베이스 두 개를 연결합니다.

6 이때 도안 '몸통 베이스'의 모든 방향을 참고하여 살이 부족한 곳이 있다면 양모를 덧대어 다듬습니다.

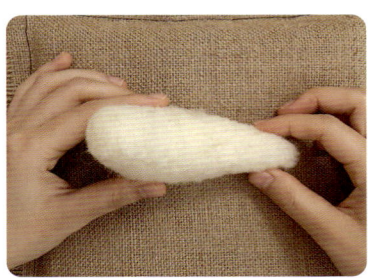
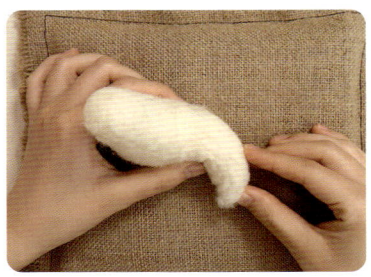

7 완성된 몸통 베이스입니다. 옆에서 보았을 때 바닥면이 평평하도록 만듭니다.

8 몸통 베이스의 아랫면이 작업 매트와 맞닿게 놓습니다. 이때 스스로 서지 못한다면 바닥면을 더 평평하게 다듬습니다.

9 꼬리 끝을 휘어 잡습니다.

10 손으로 휜 꼬리를 풀리지 않게 잡고 그 상태에서 1구바늘로 여러 번 찔러 모양을 고정시킵니다.

11 어느 정도 모양이 잡히면 손을 떼고 찌그러진 표면을 정리합니다.

2. 색 입히기

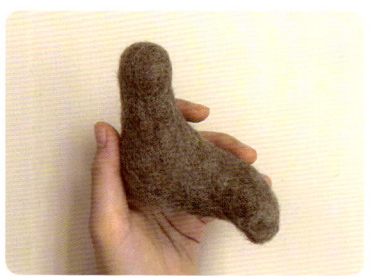

1 몸통 색이 될 흑갈색 양모를 잘게 뜯어 준비합니다.

2 뜯은 양모를 몸통 베이스 위에 얹고 5구바늘로 펠팅하여 몸통 베이스를 감싸듯 전체적으로 색을 입힙니다.

3 몸통 전체에 색을 입혔다면 꽤 단단해졌을 것입니다. 단단하지 않다면 5구바늘로 더 골고루 펠팅하여 단단해지도록 만듭니다.

4 몸통과 같은 색 양모를 1구바늘로 펠팅하여 주둥이를 만듭니다. 도안 '주둥이'를 참고합니다.

5 주둥이와 얼굴이 연결되는 부분을 최대한 넓게 펼칩니다.

6 도안을 참고하여 얼굴 위에 적당한 위치를 잡습니다.

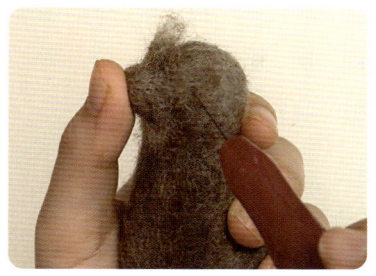

7 1구바늘로 주둥이에서 얼굴 방향으로 찔러 붙입니다.

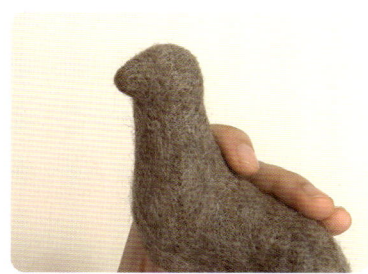

8 도안과 비교해 보고 주둥이가 너무 짧다면 양모를 덧대어 1구바늘로 펠팅해 주둥이의 높이를 맞춥니다.

3. 얼굴 만들기

1 주둥이 양옆으로 송곳 또는 부러진 1구바늘을 사용해 눈구멍을 뚫습니다.

2 5mm 검정 솔리드 눈을 심습니다.

3 짙은 밤색 양모를 아주 작게 손가락으로 굴려 답니다.

Part 3 귀여움 가득 동물 친구들

4 주둥이 끝 위쪽에 얹어 코 모양을 잡으며 1구바늘로 찔러 붙입니다. 코가 너무 커지지 않게 주의합니다.

5 코의 끝에서 1mm 정도 아래까지 1구바늘로 집중적으로 찔러 선을 그립니다.

6 그 아래에 입도 1구바늘로 집중적으로 찔러 새기듯 그립니다.

7 아래쪽에서도 확인하여 입 모양을 디테일하게 만듭니다.

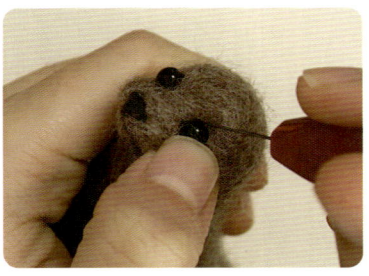

8 눈을 눌러 잡고 1구바늘로 가장자리를 찔러 눈이 움푹 들어가 박히도록 합니다.

9 두 눈을 자연스럽게 박습니다.

※ PART 2.3 고양이 브로치 (3) 얼굴 디테일 만들기 참고

10 흑갈색 양모를 눈을 덮을 만큼만 얇고 작게 펠팅합니다.

11 눈 위에 펠팅된 양모를 덮고 눈 주변을 1구바늘로 살살 찔러 펠팅합니다.

12 눈머리와 눈꼬리 위치를 잡고 1구바늘로 여러 번 그어 눈구멍을 만듭니다.

13 아래쪽을 벌리고 1구바늘로 살살 펠팅하여 눈 모양을 잡습니다.

14 눈구멍 위쪽을 1구바늘로 살살 찔러 열어 주며 눈두덩이 모양을 만듭니다. 눈두덩이가 너무 빈약하다면 양모를 더 덧대어 반복합니다.

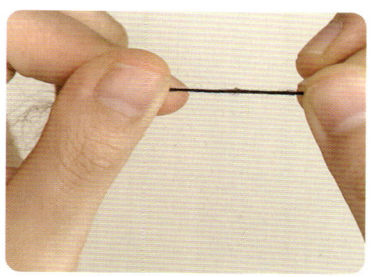

15 밤색 양모를 실처럼 얇게 말아 집니다.

16 새겨 놓은 입 모양을 따라 얇게 심습니다.

17 완성된 얼굴입니다.

4. 다리 만들기

1 다리 지느러미를 만들기 전에 짙은 밤색과 흑갈색 양모를 1:2 비율로 뜯습니다.

2 여러 번 겹쳐 찢어서 섞습니다.

3 색이 완전히 섞일 때까지 잘게 찢는 것을 반복합니다.

Part 3 귀여움 가득 동물 친구들

※ PART 2.2 곰 인형 (3) 귀 만들기 참고

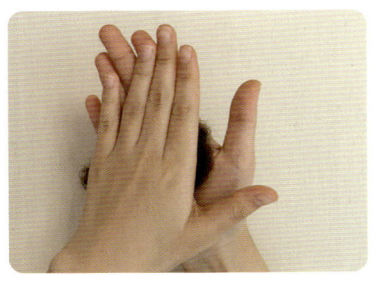

4 힘든 분들은 검정색 양모를 사용하셔도 됩니다. 색을 섞는다면 한 번에 많이 만들어 두는 것이 좋습니다.

5 최대한 얇게 펼쳐 작업 매트에서 앞뒤로 자주 뒤집으며 5구바늘로 펠팅합니다.

6 중간중간 손으로 비비면 펠팅이 더 빨라지며 표면도 정리됩니다.

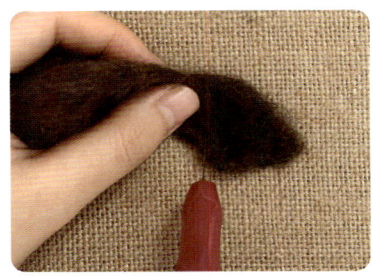

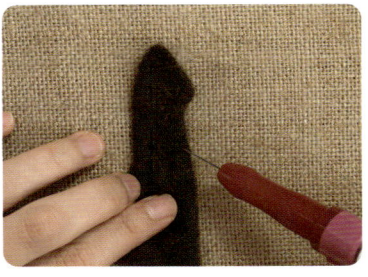

7 도안 '앞다리'를 참고하여 앞다리 모양으로 접고 1구바늘로 펠팅합니다.

8 1구바늘로 정교하게 찔러 지느러미 끝 각을 살립니다.

9 앞다리의 가장자리도 정리합니다. 정리되지 않는 표면은 손으로 비비면 정리됩니다.

10 가위로 지느러미를 두 번 가릅니다.

11 1구바늘로 잘라진 면을 정리합니다. 찔릴 위험이 크니 찔리지 않도록 신경 쓰며 작업합니다.

12 5~11번 과정과 같은 방법으로 같은 모양의 앞다리를 만듭니다.

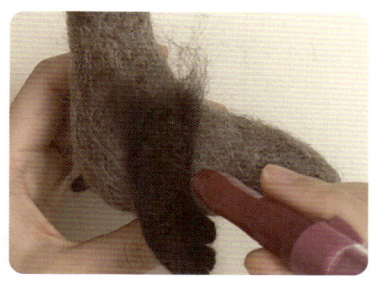

13 도안을 참고하여 적당한 위치에 물개의 앞다리를 1구바늘로 찔러 붙입니다.

14 5~8번 과정을 반복하여 뒷다리 지느러미를 만듭니다. 가장자리를 정리할 때는 두꺼운 종이로 잡고 정리합니다.

15 도안 '지느러미'와 같은 모양의 지느러미 3개를 만듭니다.

16 지느러미 3개를 부채처럼 잡습니다.

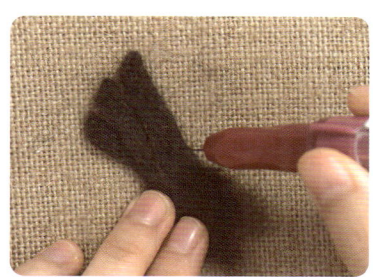

17 잡은 모양을 유지하고 1구바늘로 여러 번 뒤집으며 펠팅하여 붙입니다.

18 14~17번 과정과 같은 방법으로 하나 더 만들어 총 뒷다리 2개를 만듭니다.

19 두 뒷다리를 겹쳐 잡습니다.

20 겹친 면을 1구바늘로 찔러 여러 번 뒤집으며 펠팅하여 붙입니다.

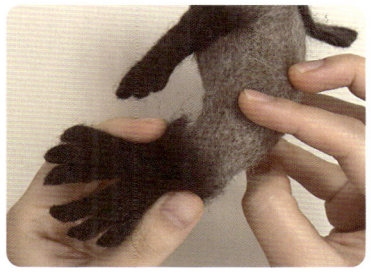

21 만들어진 뒷다리는 물개를 바닥에 놓았을 때 뒷다리도 바닥에 붙을 수 있도록 몸통 끝에 위치시킵니다.

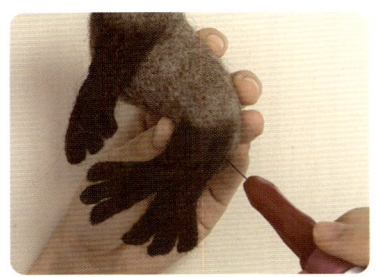

22 1구바늘로 찔러 붙입니다.

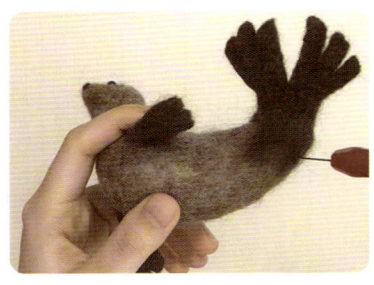

23 뒷다리 쪽 바닥면 경계를 자연스럽도록 1구바늘로 정리합니다.

24 흑갈색 양모를 잘게 뜯어 몸통과 다리가 연결된 부분에 얇게 얹고 1구바늘로 펠팅합니다.

25 다리들이 몸통과 자연스럽게 이어질 수 있도록 1구바늘로 세심하게 펠팅합니다. **24**번과 같은 방법으로 모든 다리를 자연스럽게 잇습니다.

26 도안 '귀'를 참고하여 흑갈색 양모로 귀 2개를 만듭니다.

27 머리 위 적당한 위치에 얹고 1구바늘로 찔러 귀를 붙입니다. 귀가 너무 크지 않게 주의합니다.

완성

아기 펭귄

Animal
· 11 ·

아기 펭귄

실물 크기
도안
220쪽

우리가 흔히 알고 있는 귀여운 아기 펭귄은 황제펭귄 새끼입니다. 아기 펭귄의 몸을 덮고 있는 솜털은 혹독한 남극의 겨울로부터 체온을 지켜 주지만 방수가 되지 않는 털이라 비가 오면 치명적이라고 합니다. 솜털로 무장해 인간의 심장을 위협하는 아기 펭귄을 만들어 볼까요!

준비물 도안, 베이스 울, 검정 양모, 회색 양모, 흰색 양모, 3mm 검정 솔리드 눈

1. 아기 펭귄 베이스 만들기

※ PART 2.1 양모 다루기 (4) 펠팅하기 참고

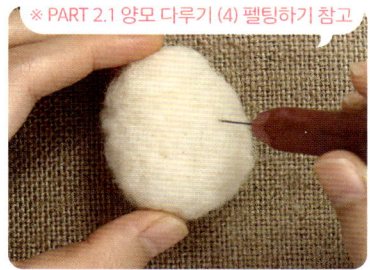

1 도안 '몸통'을 참고하여 베이스 울로 펭귄 몸통을 만듭니다.

2 몸통은 3구바늘까지 사용하여 단단하게 만듭니다.

3 도안 '머리'를 참고하여 양모를 가늠해 검정색 양모를 말아 줍니다.

4 몸통과 연결되는 부분을 제외하고 1구바늘로 단단하게 펠팅합니다.

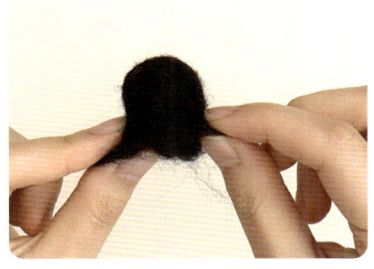

5 몸통과 연결되는 면을 최대한 넓게 펼칩니다.

6 2번에서 간든 몸통 위쪽에 머리를 올려 위치를 잡습니다.

Part 3 귀여움 가득 동물 친구들   143

7 머리에서 몸통 쪽으로 심어지게 머리를 1구바늘로 펠팅하여 연결합니다.

8 연결된 모습입니다.

9 회색 양모를 준비하여 최대한 잘게 뜯습니다.

10 몸통에 회색 양모를 얹고 5구바늘로 튕기듯 펠팅하여 색을 입힙니다.

11 색을 입히면서 도안과 비교해 봅니다. 표면도 정리하며 모양을 완성합니다.

12 색을 입힌 펭귄의 옆모습입니다.

13 색을 입힌 펭귄의 뒷모습입니다.

2. 머리, 팔, 다리 만들기

1 흰색 양모를 잘게 뜯습니다.

2 펭귄의 머리 앞면에 흰색 양모를 얇게 얹고 1구바늘로 찔러 색을 입힙니다. 이때 검정색이 비치지 않을 정도로 덧대어 올립니다.

3 얼굴 가장자리를 1구바늘로 정리합니다.

4 검정 양모를 조금 뜯어 맙니다. 길이와 두께 8mm 정도로 단단하게 펠팅합니다. 이때 펠팅된 귀퉁이의 반대편 귀퉁이는 펠팅하지 않습니다. 펠팅된 귀퉁이 끝은 부리가 될 부분입니다.

5 얼굴에 올리기 전 주둥이 모습입니다.

6 얼굴 중앙에 놓고 머리 위쪽부터 1구바늘로 찔러 붙입니다. 머리 위쪽에 펠팅되지 않은 귀퉁이, 얼굴 중앙에 펠팅된 귀퉁이가 위치하도록 합니다.

7 아래로 갈수록 양모를 세워 옆에서 봤을 때 뾰족하도록 1구바늘로 펠팅합니다. 도안 '조립 예시'를 참고합니다.

8 주둥이와 이마 라인이 둥글게 잘 이어지도록 검정색 양모를 추가로 덧대어 1구바늘로 라인 정리를 합니다.

9 완성된 펭귄 옆모습입니다.

10 부리 옆에 부러진 1구바늘 또는 송곳으로 눈구멍을 뚫은 다음 3mm 검정 솔리드 눈을 심습니다.

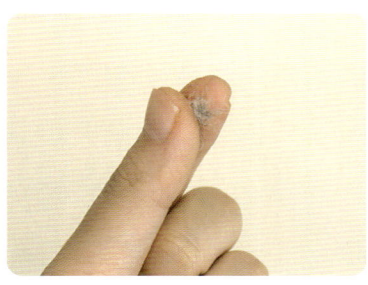

11 회색 양모를 눈곱만큼 뜯어 손가락으로 돌돌 맙니다.

12 부리 끝에 회색 양모를 얹고 1구바늘로 찔러 부리에 색상을 입힙니다. 부리가 너무 낮다면 회색 양모를 더 붙여 높여도 됩니다.

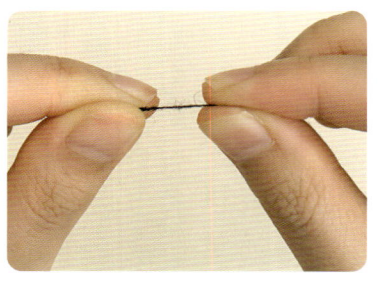

13 검정색 양모를 실처럼 얇게 꼬아 잡습니다.

14 부리가 아래위로 나뉘어 보이도록 부리 중간에 검정 양모를 얇게 심습니다.

※ PART 2.2 곰인형 (3) 귀 만들기 참고

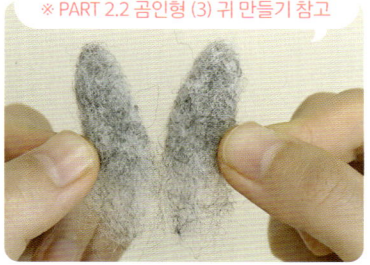

15 도안 '날개'를 참고하여 회색 양모로 날개 한 쌍을 만듭니다.

16 몸통 양옆에 대칭되도록 날개를 1구바늘로 찔러 붙입니다.

17 도안 '발'을 참고하여 검정색 양모로 납작하게 발을 만듭니다.

※ PART 3.3 새앙토끼 (3) 다리 만들기 4~6번 과정 참고

18 발끝을 가위로 두 번 잘라 발가락을 3개로 만듭니다.

19 잘라진 단면을 1구바늘로 정리합니다. 찔리기 쉬우니 주의합니다.

20 17~19번 과정과 같은 방법으로 발을 하나 더 만들어 한 쌍을 준비합니다.

21 펭귄 몸통 가장 아랫부분에 발을 얹고 1구바늘로 찔러 붙입니다.

완성

Part 3 귀여움 가득 동물 친구들

페르시안 친칠라

Animal

12

페르시안 친칠라

실물 크기
도안
221쪽

페르시안 고양이는 대표적인 장묘 고양이라고 볼 수 있을 정도로 우리가 많이 알고 있는 고양이입니다.
저는 그중에서 실버빛 페르시안을 대표하는 친칠라를 만들어 보려고 합니다.
이번 장에서는 철사를 사용하지 않고 간단하게 만들 수 있는 방법을 가지고 왔습니다.
저와 함께 아기 페르시안 고양이를 만들어 보면 다양한 고양이 만들기에 응용하실 수 있을 거예요.

준비물 도안, 베이스 울, 연회색 양모, 흰색 양모, 진회색 양모, 연분홍색 양모, 5mm 크리스탈 눈(파랑 계열)
*털심기용 양모로는 일반 양모를 써도 상관이 없지만, 리얼 양모를 쓰는 것이 동물 표현에 있어서 더 좋습니다.

1. 얼굴 베이스 만들기

1 도안 '머리 베이스'를 만들 만큼의 베이스 울을 한 웅큼 강하게 쥡니다.

2 양모를 눌러 잡아 작업 매트 위에서 떨어뜨리지 않은 채로 1구바늘로 돌려가며 펠팅합니다.

3 3cm의 단단한 반구를 만듭니다.

4 송곳 또는 가위로 눈구멍을 뚫습니다.

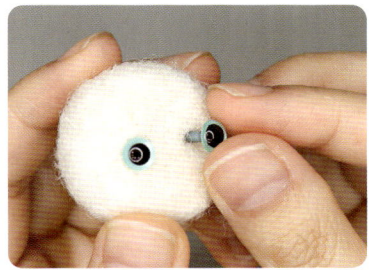

5 5mm 파랑 계열 크리스탈 눈을 심습니다.

6 8mm 정도로 베이스 양모를 말아 쥐고 손에 힘을 풀었을 때 고정될 만큼만 1구바늘로 펠팅합니다.

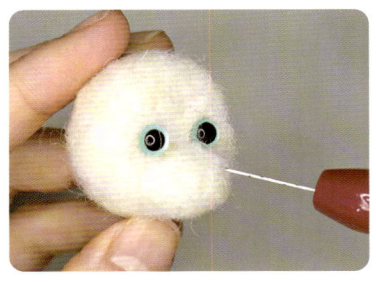

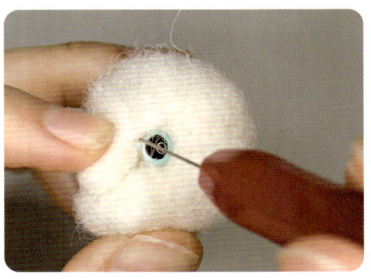

7 눈 아래쪽 주둥이가 될 부분에 봉긋하게 얹은 다음 1구바늘로 붙이며 다듬습니다.

8 코를 만들 베이스 양모를 길게 말아 쥐어 1구바늘로 펠팅합니다. 이때 코끝이 되는 부분을 최대한 단단하게 펠팅합니다.

9 얼굴 가운데 주둥이 위쪽에 **8**번에서 만든 코를 올리고 코끝부터 콧대 모양을 1구바늘로 찔러 잡으며 눈과 눈 사이에 고정시킵니다.

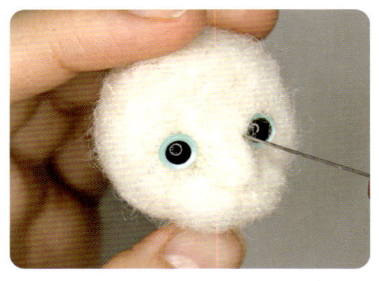
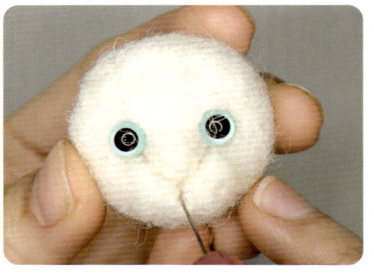
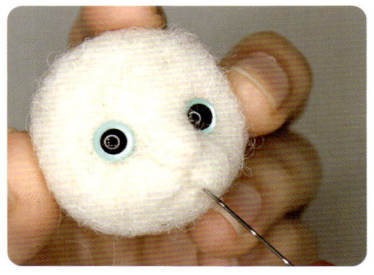

10 눈과 눈 사이 간격을 신경 쓰며 미간과 콧대의 모양을 1구바늘로 펠팅해 만듭니다.

11 코끝 아래로 1구바늘을 여러 번 찔러 주둥이에 세로선을 새기듯 그립니다.

12 대칭을 신경 쓰면서 입 모양을 뒤집어진 Y자로 그립니다. 이때 양 볼의 모양도 1구바늘로 살살 찔러 다듬습니다.

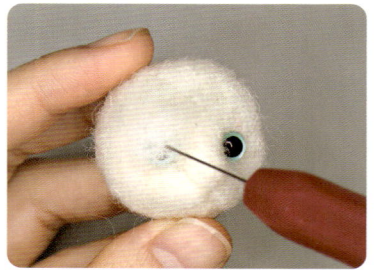

※ PART 2.3 고양이 브로치
(3) 얼굴 디테일 만들기 참고

13 완성된 옆모습입니다. 볼과 코의 양모가 부족한 부분은 양모를 더 덧대어 펠팅하여 볼륨을 만듭니다.

14 베이스 양모를 아주 조금 뜯어 5구바늘로 살짝 펠팅합니다.

15 눈 위에 얹고 1구바늘로 눈 주변을 찔러 살짝 덮습니다.

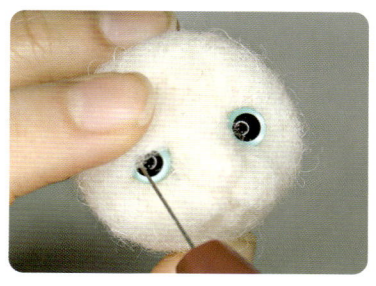

16 눈 윗부분을 손으로 지그시 누르고 1구바늘로 펠팅합니다. 이때 눈매의 모양을 만듭니다. 아기 고양이를 만들 것이기 때문에 너무 게슴츠레할 필요는 없습니다.

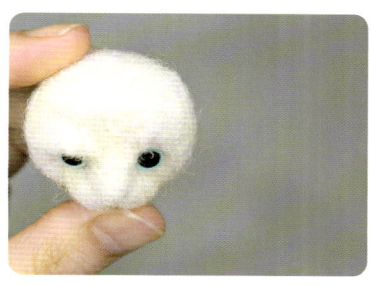

17 살짝 위에서 봤을 때 이 정도의 두께감으로 눈두덩이를 만듭니다. 반대편도 작업합니다.

※ PART 2.3 고양이 브로치 (4) 귀 만들어 붙이기 참고

18 연회색 양모를 얇게 펼쳐 5구바늘로 펠팅합니다. 단단하게 펠팅될 수 있도록 작업 매트 위에서 자주 뒤집으면서 펠팅합니다.

19 펼쳐진 양모의 양쪽 가장자리를 접어 1구바늘로 고정시키고 다시 5구바늘로 펠팅합니다. 귀의 크기는 도안 '귀'를 참고합니다.

20 중간중간 손의 열로 비비며 펠팅하고, 마지막에도 손의 열로 살짝 비벼 표면을 정리합니다. 같은 모양의 귀를 하나 더 만듭니다.

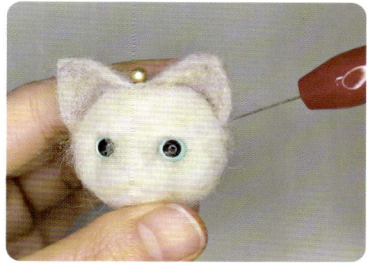

21 얼굴 위에 양쪽 귀의 위치를 시침핀으로 고정시켜 잡은 다음 1구바늘로 펠팅하여 연결합니다.

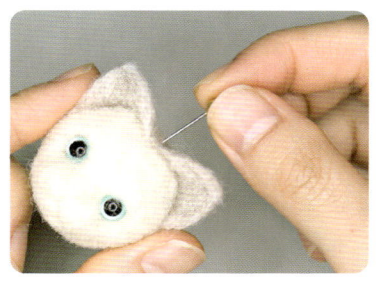

22 다 연결했으면 시침핀을 제거합니다.

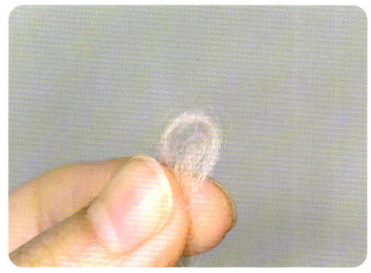

23 연분홍색 양모를 아주 얇게 떼어 잡습니다.

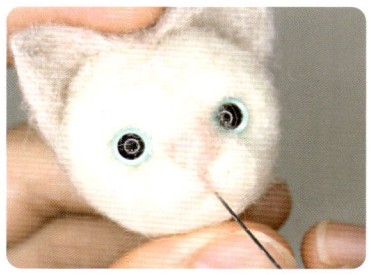

24 코부터 입까지 양모를 얇게 얹은 다음 1구바늘로 찔러 색을 입힙니다.

2. 얼굴 털 심기

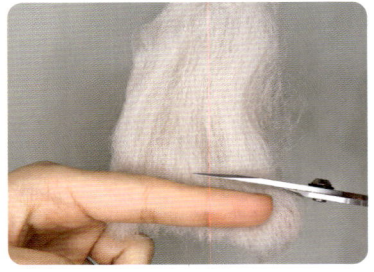

1 연회색 양모를 사진과 같이 잡고 손가락 하나 굵기만큼 잘라 준비합니다.

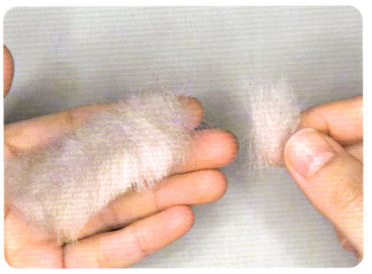

2 털을 심을 때 이렇게 조금씩 떼어서 작업하고자 함이니 어느 정도 적당히 준비합니다.

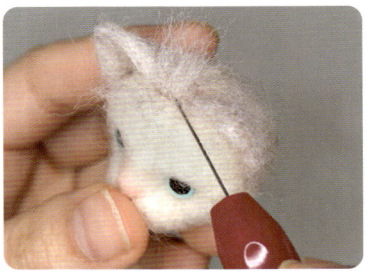

3 자른 연회색 양모를 얇게 펼쳐 잡아 머리 윗부분에 놓고 중앙을 1구바늘로 찔러 심습니다. 털 심기는 전부 1구바늘만을 사용합니다.

4 연회색 → 진회색 → 연회색 양모 순서대로 얇게 펼쳐 잡습니다.

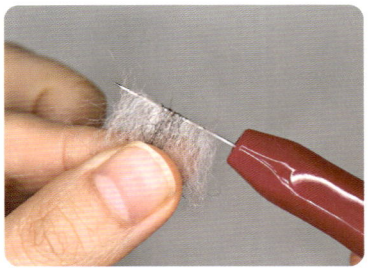

5 1구바늘에 넓게 접어 감쌉니다.

6 심고자 하는 부분부터 1구바늘로 찔러 일자로 털을 심습니다. 이때 3번에 심어진 털과 1.5~2mm 정도 간격을 띄워 놓고 심습니다.

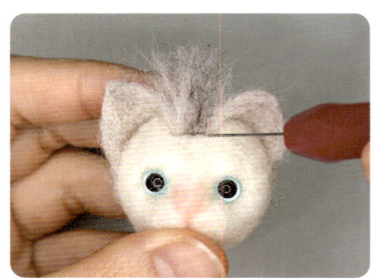

7 털 방향이 위쪽으로 향하도록 양모를 아래서 위로 쓸어 넘긴 후 1구바늘로 6번에서 심어진 양모를 또 한 번 찔러 고정시킵니다.

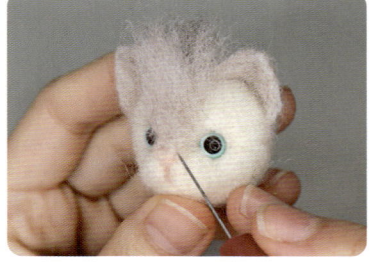

8 4~6번 과정을 2~3번 반복해 내려옵니다. 이마 중간부터는 다시 연회색 양모로만 콧등까지 심으며 내려옵니다. 심는 순서는 털의 방향과 연관이 있습니다.

9 같은 방향의 털을 한 줄 심을 때마다 털의 길이를 정리합니다. 이때 자르는 방향은 반드시 털이 눕는 방향으로 잘라야 자연스럽습니다.

10 모가 너무 짧아지면 나중에 털 모양을 수정하기 힘드니 적당히 긴 상태로 서로 길이만 맞춥니다.

11 앞에서 보면 귀와 높이가 비슷한 정도입니다.

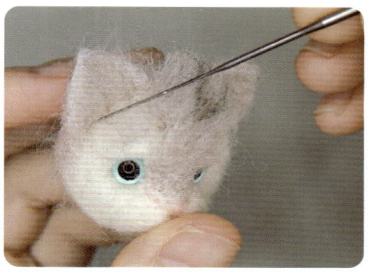

12 귀 안쪽에 연회색 양모를 얇게 얹고 1구바늘로 사진처럼 양모 가운데를 눌러 털의 방향을 잡습니다.

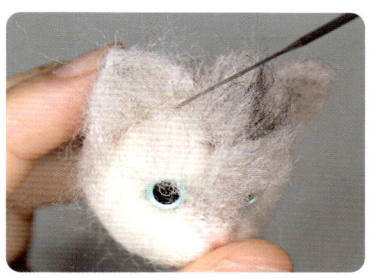

13 펼쳐 얹은 양모가 반으로 접히게 1구바늘로 찔러 심습니다.

14 연회색 양모 오른쪽 끝에 진회색 양모를 조금 올린 다음 넓게 펼쳐 잡습니다.

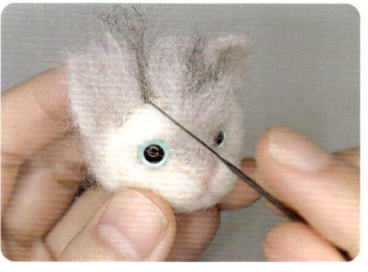

15 이번에도 5~7번 과정처럼 1구바늘에 접어 심습니다. 7번 과정과 같이 양모를 아래서 위로 쓸어 넘긴 다음 한 번 더 찌릅니다.

16 눈두덩이 근처까지 털의 간격과 모 방향을 신경 쓰며 심어 내려옵니다.

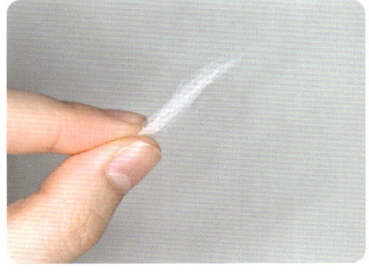

17 이제 흰색 양모를 적당한 길이로 잘라 조금 뜯습니다.

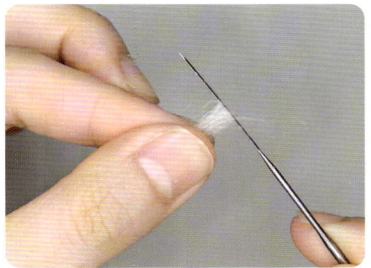

18 1구바늘에 말아 잡습니다.

19 눈꼬리 끝부분에 콕 점을 찍듯이 1구바늘로 찔러 심습니다.

20 이렇게 심습니다.

21 1.5~2mm 간격으로 띄워 눈머리까지 **17~20**번 과정을 반복하여 심습니다.

22 모 방향에 맞춰 눈두덩이의 양모 길이를 다듬습니다.

23 마찬가지로 **12~16**번 과정에서 심은 양모의 길이도 다듬습니다.

※ PART 2.4 TIP ② 점심기 참고

24 무늬가 제대로 심어졌는지 확인하고 부족하면 점심기로 무늬를 심어 고칩니다.

25 반대편 털도 **12~24**번 과정과 같이 대칭으로 심은 후 다듬습니다.

26 이번에는 연회색 양모에 진회색 양모를 약간 넣어 점심기로 눈꼬리를 심습니다.

※ PART 2.4 TIP ① 일자심기 참고

27 볼의 가장자리부터 안쪽까지 연회색 양모를 일자심기로 심습니다. 털과 털의 간격은 1.5~2mm로 통일합니다.

28 주둥이 전까지 연회색 → 연회색 +흰색 → 흰색 양모를 심어 자연스럽게 연회색에서 흰색으로 넘어오도록 합니다. 일자심기로 심습니다.

29 볼 위쪽에서 주둥이까지 양모를 심은 후 옆에서 본 모습입니다.

30 가위로 털을 정리합니다. 이때는 다른 부분보다 털의 길이를 더 많이 남깁니다.

31 약간 모자란 사자처럼 보입니다.

32 눈 아래 바깥쪽부터 안쪽까지 흰색 양모를 점심기로 심습니다.

33 32번에서 심은 털의 길이를 다듬습니다.

34 주둥이에도 흰색 양모를 점심기로 심습니다.

35 바깥쪽에서 안쪽으로 심습니다. 모 방향은 중앙에서 바깥으로 퍼져나가는 방향입니다. 주둥이에 심은 양모는 아직 다듬지 않습니다.

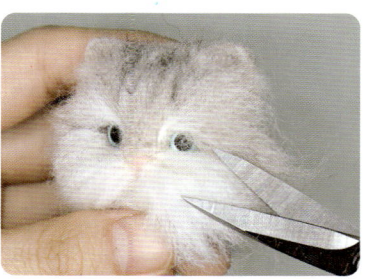

36 26~35번 과정과 같은 방법으로 반대편도 대칭으로 작업합니다. 주둥이 부분의 양모 길이를 대칭으로 맞춰 다듬습니다.

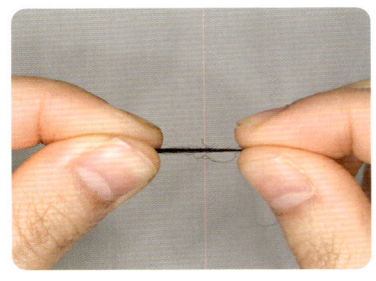

37 검정색(또는 진회색) 양모를 실처럼 얇게 꼬아 줍니다.

38 눈머리와 코의 끝이 연결되도록 선을 위치시키고 1구바늘로 아이라인을 심습니다.

39 눈꼬리까지 모양을 잡아 심습니다.

40 눈 아래에 언더라인도 심습니다.

41 1구바늘로 털의 굴곡을 만들듯 찔러 눈 주변을 정리합니다.

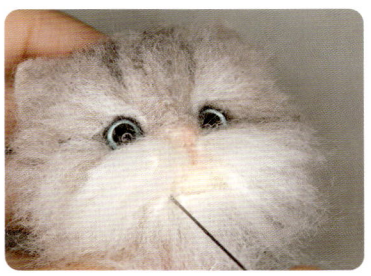

42 턱 아래쪽의 양모도 바깥쪽부터 안쪽으로 일자심기로 심습니다.

43 입 쪽의 모는 짧게 다듬어 볼과 턱과 턱수염의 경계를 뚜렷하게 합니다.

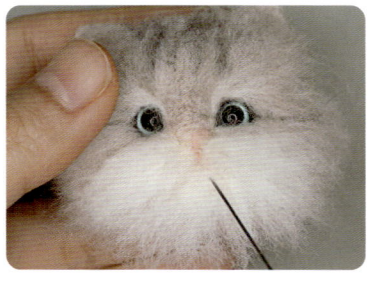

44 1구바늘로 살살 찔러 털의 방향을 정리합니다.

45 얼굴이 완성되었습니다!

3. 몸 베이스 만들기

1 베이스 양모를 한 움큼 말아 쥡니다. 크기는 도안 '몸통 베이스'를 참고합니다.

2 살짝 구부러진 형태로 1구바늘과 3구바늘을 사용해 최대한 단단하게 펠팅합니다. 머리와 접합될 목 부분은 펠팅하지 않습니다.

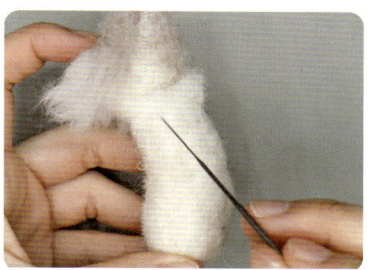

3 머리와 몸통을 붙입니다. 몸통에서 머리 쪽으로 심듯이 1구바늘로 찔러 결합시킵니다.

4 이때 얼굴 방향에 주의합니다. 바닥면에 몸통을 세웠을 때 얼굴이 비스듬하게 하늘을 바라보도록 붙입니다.

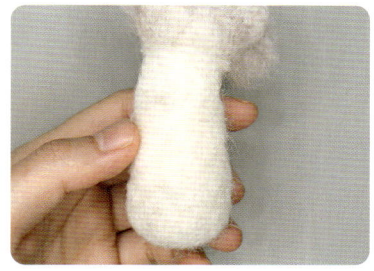

5 뒤에서 본 모습입니다.

6 앞에서 본 모습입니다.

7 최종적으로 보일 각도입니다. 살짝 올려다보는 자세로 만듭니다.

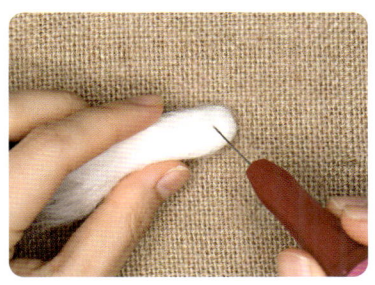

8 흰색 양모를 길게 말아 1구바늘로 펠팅합니다. 8mm 정도 발바닥이 될 부분의 단면을 납작하게 만들고, 원기둥 형태를 잡습니다.

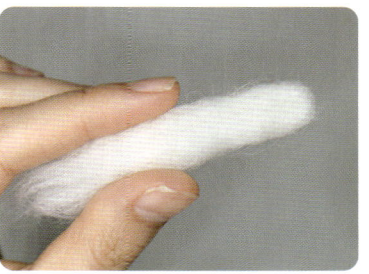

9 앞다리의 길이는 3cm입니다

10 여기서 중요한 것은 단단하지 않게 펠팅하는 것입니다. 표면은 고정된 상태지만 사진처럼 휘어질 정도의 말랑함을 유지하도록 펠팅합니다.

11 가위로 앞발 끝을 3등분하여 자릅니다.

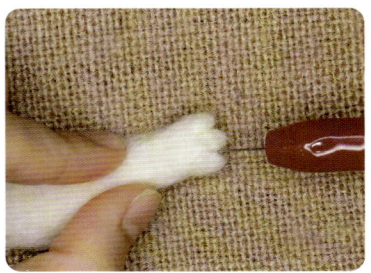

12 발가락 사이를 1구바늘로 펠팅하여 발가락 모양을 정리합니다.

13 발목 부분을 1구바늘로 찔러 발보다 얇게 만듭니다.

14 도안 '앞다리'를 참고하여 발목을 접어 올립니다.

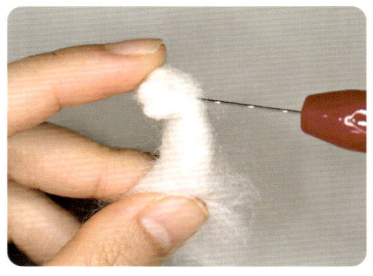

15 발목이 접힌 부분을 여러 방향에서 1구바늘로 찔러 고정시킵니다. **10**번의 말랑함이 거의 없어지고 단단해지도록 마저 펠팅합니다.

16 같은 모양으로 앞다리를 하나 더 만듭니다.

17 도안 '뒷다리'를 참고하여 앞다리를 만들 때와 같은 방법으로 한 쌍 만듭니다. 뒷다리는 발목을 접지 않습니다.

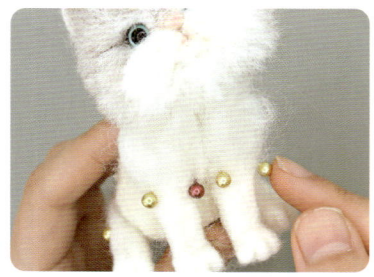

18 고양이 몸통 베이스의 적당한 위치에 앞다리를 올린 다음 시침핀으로 고정합니다. 도안 '조립 예시'를 참고합니다.

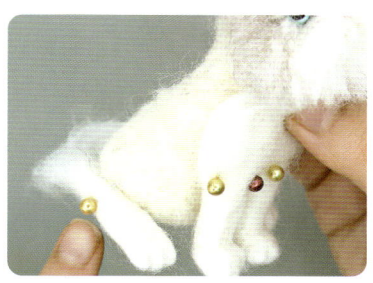

19 뒷다리도 마찬가지로 적당한 위치에 놓고 시침핀으로 고정합니다.

20 각도와 자세를 확인합니다. 원하는 자세가 나올 때까지 앞다리와 뒷다리 위치를 수정하여 시침핀으로 고정합니다.

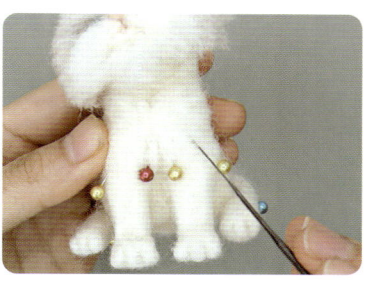

21 원하는 위치가 잡혔으면 1구바늘로 찔러 고정합니다.

22 아래에서 본 모습입니다. 뒷다리도 고정합니다.

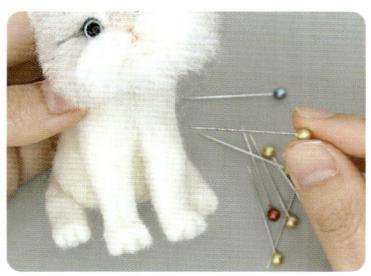

23 전부 고정되었으면 시침핀을 뽑습니다. 시침핀을 뽑은 후 1구바늘로 한 번 더 펠팅하여 단단하게 만듭니다.

24 베이스 울을 조금 준비하여 도톰한 반구 모양으로 아주 살짝만 펠팅합니다. 엉덩이와 뒷발을 이어 줄 허벅지입니다.

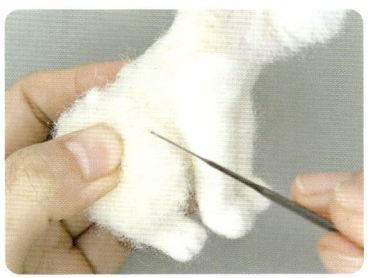

25 앞발 옆, 뒷발 위쪽의 몸통에 붙입니다.

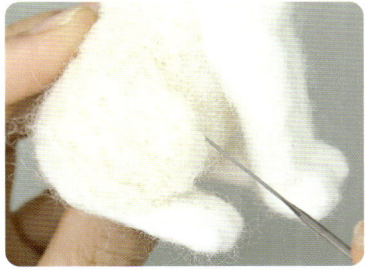

26 1구바늘로 단단하게 펠팅하며 모양을 다듬어 나갑니다.

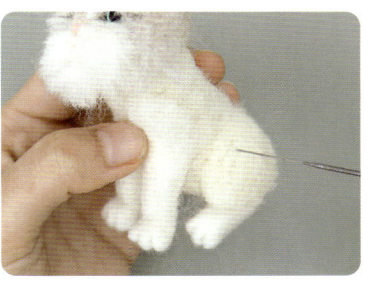

27 반대편 허벅지도 **24~26**번 과정을 반복하여 답니다.

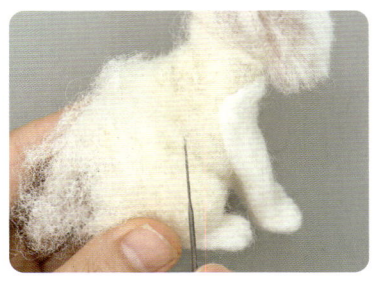
28 등쪽에 베이스 양모를 올려 봉긋하게 만듭니다.

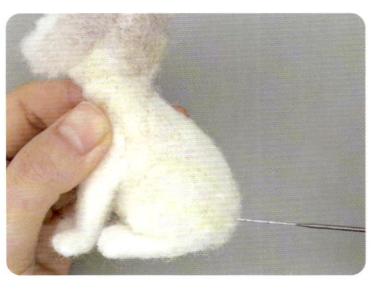
29 엉덩이와 자연스럽게 이어지도록 펠팅합니다.

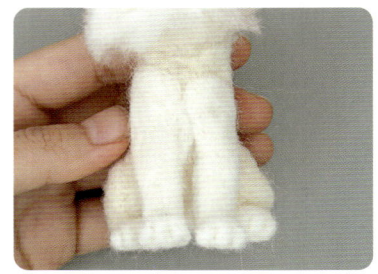
30 앞에서 본 모습입니다.

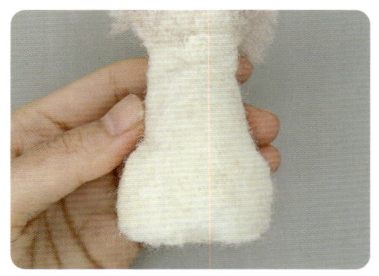
31 뒤에서 본 모습입니다.

32 최종 각도입니다. 자세가 흐트러졌다면 1구바늘로 단단하게 고정하여 최대한 바로잡습니다.

4. 몸 털 심기

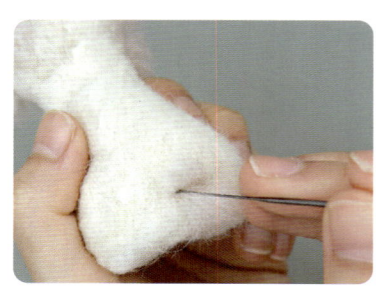
1 연회색 양모를 엉덩이에 일자로 심습니다.

2 털의 방향은 위에서 사선으로 아래로 내려오게 합니다. 아래쪽부터 시작하여 2mm 간격으로 층층이 심으며 올라갑니다.

3 엉덩이부터 목까지 심은 모습입니다.

4 모의 방향에 맞춰 가위로 잘라 길이를 맞춥니다. 이때 너무 짧게 자르지는 않습니다.

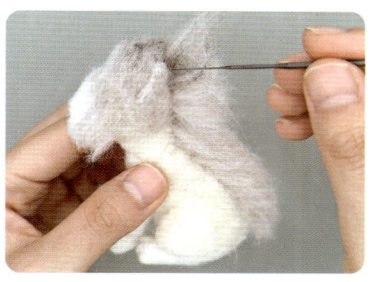

5 4번에 이어 목덜미부터 정수리 순서로 양모를 층층이 심습니다.

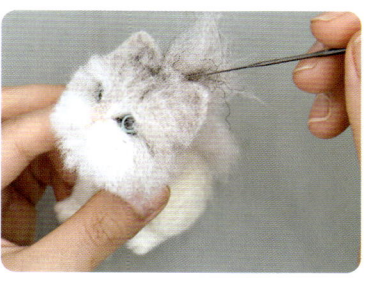

6 모의 방향은 약간 서 있는 느낌으로 심습니다. 앞의 무늬와 이어지도록 무늬를 약간 넣었습니다.

7 가위로 잘라 등쪽 모와 길이를 맞춥니다.

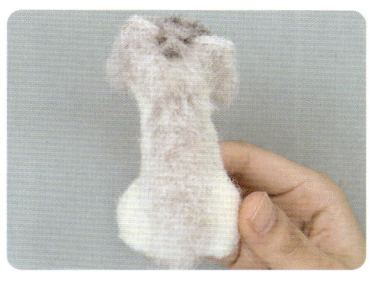

8 뒷모습입니다.

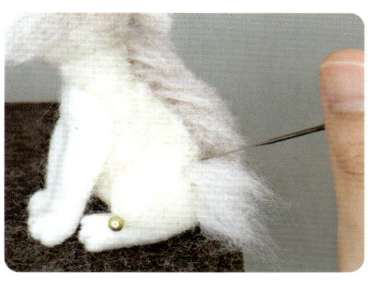

9 몸통과 뒤통수에 심어진 양모를 기준으로 옆쪽에 연회색 양모와 흰색 양모를 반반 비율로 섞어 일자심기로 심습니다.

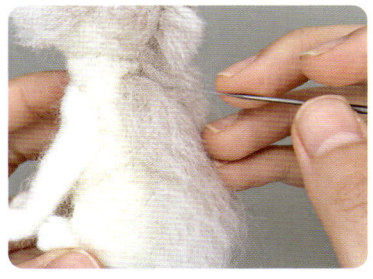

10 일자심기로 층층이 올려서 줄 맞춰 한 줄씩 심은 후 가위로 정리하면 양모를 정리하기 수월합니다.

11 뒤통수 털까지 심습니다.

12 반대편도 마찬가지로 심습니다.

13 양쪽에 심어진 양모를 가위로 잘라 모 길이를 가운데에 맞춥니다. 너무 짧게 자르지 않습니다.

14 위에서 본 모습입니다. 최종 각도도 확인합니다.

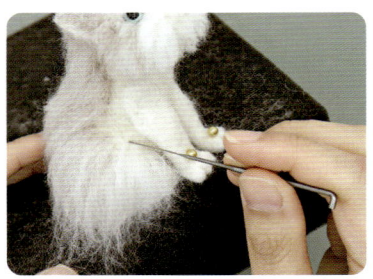

15 엉덩이부터 허벅지까지 연회색 양모를 일자심기로 심습니다.

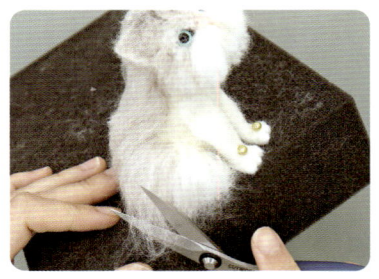

16 모의 방향에 맞춰 가위로 잘라 길이를 맞춥니다.

17 잘라진 옆모습입니다. 지금부터는 스펀지 작업 매트에 고양이를 시침핀으로 고정시키고 작업하면 편합니다.

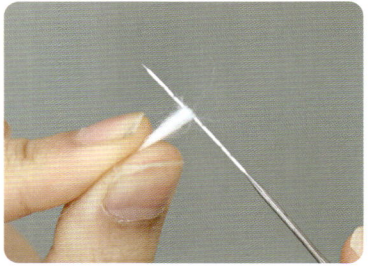

18 흰색 양모를 1구바늘에 감아 쥡니다.

19 옆구리에 점심기로 흰색 양모를 심습니다.

20 옆구리는 허벅지와 구분이 될 수 있도록 짧게 자릅니다.

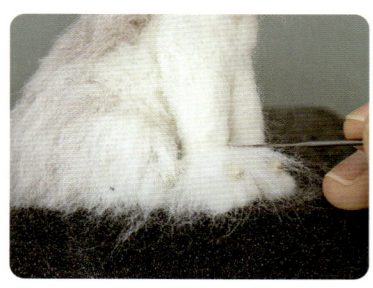

21 앞다리 아래쪽부터 흰색 양모를 점심기로 심어 올라갑니다.

22 어깨선까지 심습니다.

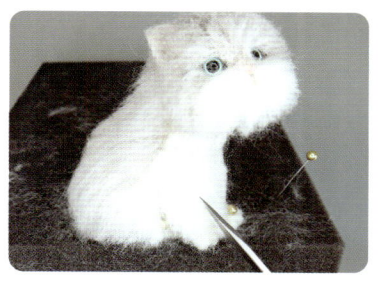

23 가위로 털 길이를 다듬습니다.

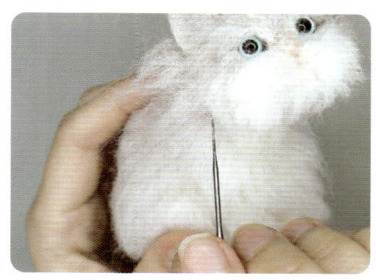

24 어깨선부터 나머지 뒤통수 부분까지 양모를 심습니다. 뒤통수로 갈수록 연회색 양모를 심습니다.

25 반대편도 **15~24**번 과정과 같은 방법으로 심은 다음 길이를 다듬습니다.

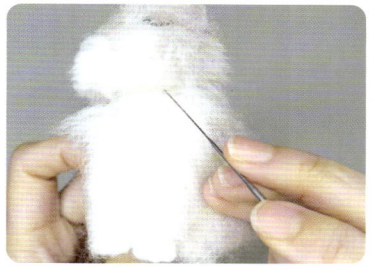

26 나머지 목 아랫부분에 흰색 양모를 점심기로 길게 심습니다.

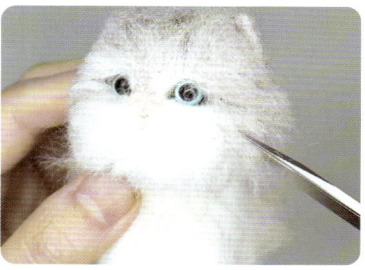

27 모든 면이 전부 심어졌습니다. 이제 가위로 잘라 최종적으로 모양을 정리합니다.

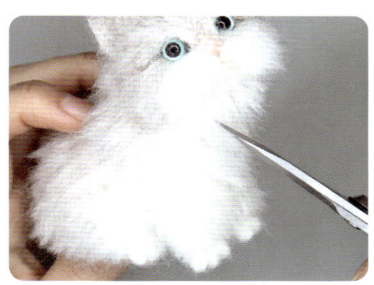

28 턱 아래쪽은 약간 털이 곤두서 있는 모양을 띠도록 잘라 줍니다.

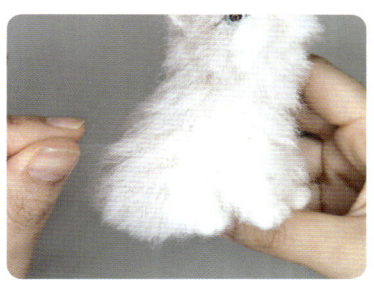

29 아기 친칠라의 매력은 뻗친 털이기 때문에 손가락으로 살짝 잡아 올려 뻗친 느낌을 만듭니다.

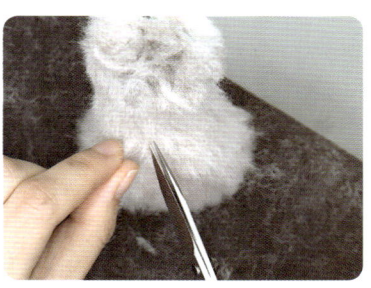

30 가위를 세로로 잡고 숱을 치듯이 털을 정리합니다.

31 손가락으로 잡아 올려 뻗친 모양을 만듭니다.

5. 꼬리 붙여 완성하기

1 베이스 양모를 길고 얇게 말아 쥐고 1구바늘로 펠팅합니다. 접합면은 펠팅하지 않습니다.

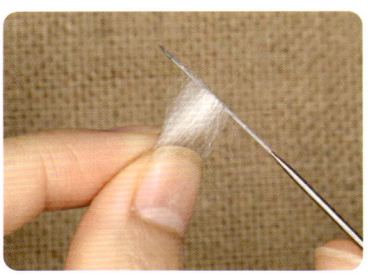

2 연회색 양모를 1구바늘에 감아 쥡니다.

3 길게 펠팅한 꼬리 끝에 연회색 양모를 점심기로 심습니다.

4 꼬리 끝부터 펠팅되지 않은 접합면 가까이까지 2mm 간격으로 점심기로 심습니다.

5 털의 방향은 몸통 쪽에서 꼬리 끝쪽을 향합니다.

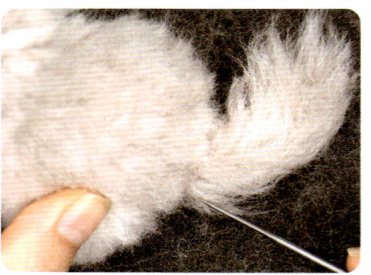

6 몸통 가운데 엉덩이 끝에 꼬리를 연결시킵니다.

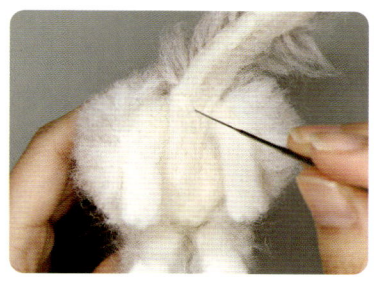
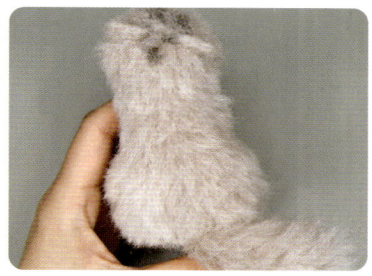

7 아래쪽에서 바라본 모습입니다.

8 뒤에서 바라본 모습입니다.

완성

시바견

Animal 13
시바견

일본의 대표 견종이라 할 수 있는 시바견은 짧은 털, 쫑긋 선 귀, 말린 꼬리가 특징입니다.
시바의 색상은 갈색, 참깨색, 검은색, 흰색 등 다양하지만 만들어 볼 시바는 가장 대중적인 연갈색 시바입니다.
털 색상을 달리 하여 원하는 시바를 만들어 보셔도 됩니다.

준비물 도안, 베이스 울, 흰색 양모, 황갈색 양모, 밤색 양모, 5mm 검정 솔리드 눈

1. 시바 베이스 만들기

1 베이스 울을 몸통을 만들 만큼 준비합니다.

※ PART 2.1 양모 다루기 (4) 펠팅하기 참고

2 도안 '몸통 베이스'를 참고하여 몸통 베이스를 만듭니다. 몸통 베이스는 수정이 가능하도록 말랑말랑하게 작업합니다.

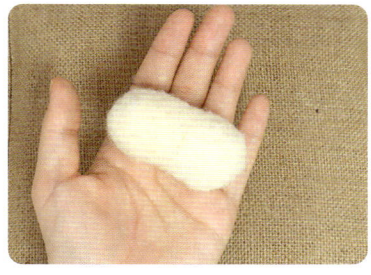

3 어느 정도 단단해질 때까지 도안 '몸통 베이스'와 비교하며 만듭니다.

4 도안 '머리 베이스'를 참고하여 베이스 양모로 머리의 크기도 잡습니다. 몸통과 마찬가지로 말랑말랑하게 작업합니다.

5 이때, 몸통과 연결되는 접합면은 펠팅하지 않습니다.

6 도안 '시바 베이스'를 참고하여, 만들어 놓은 몸통에 머리를 대보며 비율을 맞춥니다.

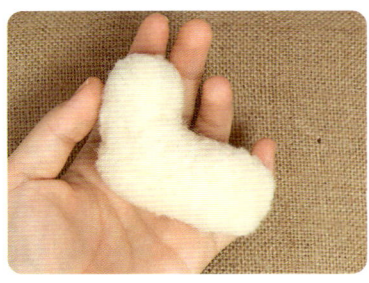

7 1구바늘로 최대한 깊숙이 찔러 머리와 몸통을 연결합니다.

8 머리와 몸통을 연결할 때도 시바 베이스가 너무 단단해지지 않도록 주의합니다.

9 잘게 찢은 흰색 양모를 준비합니다.

10 시바 베이스에 잘게 찢은 흰색 양모를 5구바늘로 튕기듯 찔러 전체적으로 덮습니다.

11 전체적으로 덮으며 펠팅하다 보면 몸통과 머리가 점점 단단해집니다. 이때 크기가 최대한 도안에 비슷해지도록 모양을 잡으며 흰색 양모를 입힙니다.

2. 얼굴 모양 잡기

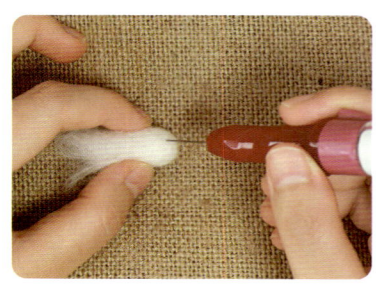

1 흰색 양모로 주둥이를 만듭니다. 도안 '주둥이'를 참고하여 손에 힘을 풀었을 때 형태가 흐트러지지 않을 정도로 1구바늘로 펠팅합니다.

2 얼굴과 연결될 펠팅하지 않은 부분을 최대한 넓게 펼칩니다.

3 도안을 참고하여 적당한 위치에 주둥이를 1구바늘로 찔러 붙입니다.

4 다 붙였다면 도안과 비교해 보고 부족한 부분을 다듬습니다.

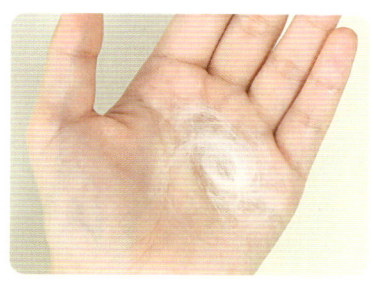

5 흰색 양모를 작게 뜯어 손바닥 위에 놓습니다.

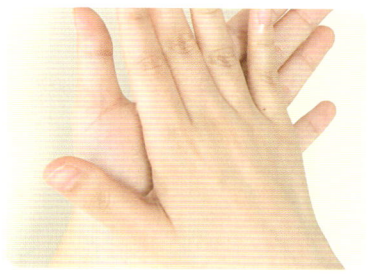

6 손바닥으로 동그랗게 굴리듯 비빕니다.

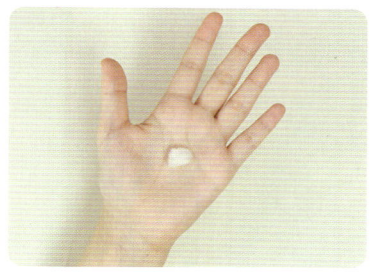

7 여러 번 굴리듯 비벼, 최대한 단단하게 지름 10mm의 볼을 2개 만듭니다.

8 주둥이 양쪽에 볼을 1구바늘로 찔러 붙이며 모양을 잡습니다. 볼이 너무 작다면 양모를 보태어 도톰하게 만듭니다.

9 두 볼을 붙였다면 양모가 찌글거리는 곳이 없는지 확인하고 표면을 정리합니다.

3. 얼굴 만들기

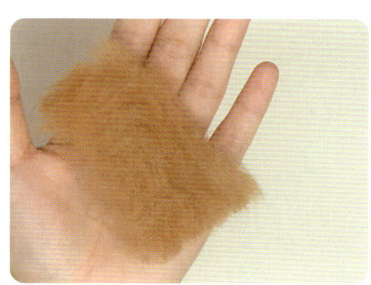

1 황갈색 양모를 준비합니다(검정 시바를 만들고 싶다면 검정색 양모를 준비합니다). 이때 역시 색을 입히는 양모는 최대한 잘게 찢습니다.

2 도안을 참고하여 얼굴에 황갈색 양모를 얇게 얹고 1구바늘과 5구바늘로 색을 입힙니다.

3 목과 몸통의 연결을 자연스럽게 하며 나머지 부분에도 색을 입힙니다.

4 색을 전부 입혔다면 모양이 삐뚤어지지 않았는지 확인합니다. 부족한 부분은 다듬고 넘어갑니다.

5 주둥이 양옆 볼 위에 부러진 1구바늘 또는 송곳으로 눈구멍을 뚫습니다.

6 5mm 검정 솔리드 눈을 붙입니다.

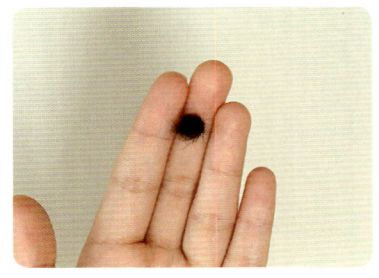

7 밤색 양모를 콩알만큼 뜯어 손가락으로 돌돌 맙니다.

8 주둥이 끝 위쪽에 얹고 1구바늘로 찔러 코 모양을 잡으면서 심습니다.

9 코가 너무 커지지 않도록 주의합니다.

※ PART 2.3 고양이 브로치
(4) 귀 만들어 붙이기 참고

10 도안 '귀'를 참고하여 두 귀를 최대한 얇게 만듭니다.

11 도안을 보고 귀 위치를 대략 참고하여 머리 위 뒤쪽에 1구바늘로 찔러 붙입니다.

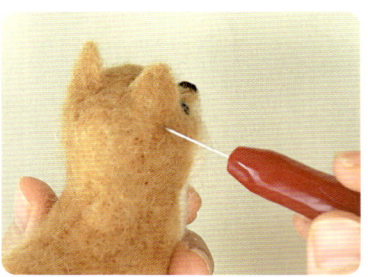

12 귀의 안쪽과 바깥쪽을 골고루 펠팅하여 고정합니다.

13 황갈색 양모를 최대한 얇게 펼쳐 5구바늘로 펠팅합니다.

14 시바의 눈 위에 덮고 1구바늘로 살살 펠팅해 위아래만 고정합니다.

15 시바의 두 눈을 전부 덮습니다.

16 시바 눈머리와 눈꼬리를 잡은 뒤 1구바늘로 여러 번 그어 나눕니다.

17 나눠진 양모를 위아래로 찌르며 벌려 눈두덩이의 모양을 잡습니다.

18 혹시 원하는 눈두덩이가 나오지 않았다면 양모를 다시 한번 올려 반복합니다. 두 눈을 동일하게 만듭니다.

19 흰색 양모를 눈머리 위쪽 눈두덩이에 올려 심습니다. 이때 눈두덩이 모양이 가라앉지 않도록 주의합니다. 반대편에도 대칭을 이루게 양모를 심습니다.

20 코부터 아래로 2mm 정도 내려와 주둥이 끝까지 1구바늘로 집중적으로 찔러 입을 그립니다.

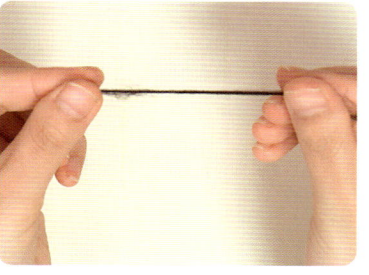

21 코에 사용한 밤색 양모를 준비해 실처럼 얇게 꼬아 잡습니다.

22 그려 놓은 입을 따라 1구바늘로 양모를 얇게 심습니다.

23 입 끝에서는 가위로 양모를 자른 후 남은 양모를 밀어 넣어 정리합니다.

24 코와 입을 연결하는 부분은 양모를 더 얇게 심습니다.

4. 다리, 꼬리 붙여 완성하기

1 도안 '앞다리'를 참고하여 양모를 맙니다. 허벅다리로 올라올수록 두꺼워지게 만듭니다.

2 중간중간 손으로 비비며 고르고 단단하게 펠팅합니다. 연결면은 펠팅하지 않습니다.

3 앞다리를 세워 잡고 발끝을 살짝 꺾어 바닥에 닿게 한 후 1구바늘로 찔러 모양을 고정시킵니다.

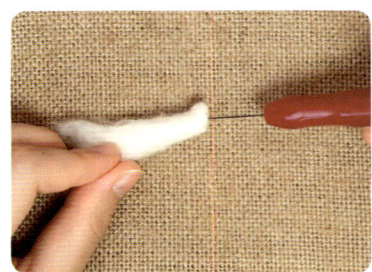

4 고정이 되었으면 발바닥도 여러 번 찔러 발 모양을 더 고정시키며 발바닥을 판판하게 정리합니다.

5 발끝을 찔러 발가락을 3개로 만듭니다(어려우면 생략해도 됩니다).

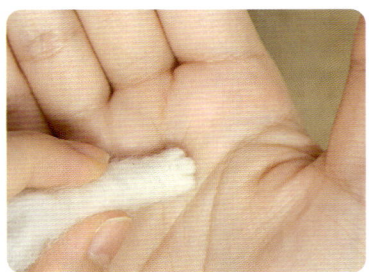

6 발가락이 만들어진 앞다리 모습입니다. **1~5**번 과정을 한 번 더 반복하여 앞다리를 2개 만듭니다.

7 뒷다리입니다. 도안 '뒷다리'를 참고하여 **1~2**번 과정을 따라 만듭니다.

8 뒷다리는 허벅지가 더 두껍기 때문에 펠팅 후 도안을 참고하여 양모를 발목 위쪽부터 허벅지 방향으로 덧대어 맙니다.

9 뒷다리 역시 **3~6**번 과정을 따라 발가락까지 만듭니다.

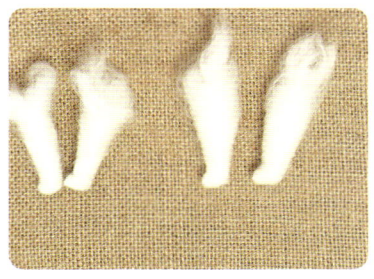

10 앞다리와 뒷다리를 모두 준비합니다.

11 다리의 펠팅되지 않은 연결면을 최대한 넓게 펼칩니다.

12 도안을 참고하여 다리 위치를 잡습니다.

13 1구바늘로 여러 번 찔러 다리를 붙입니다. 다리 길이가 너무 길어지거나 짧아지지 않도록 조심합니다.

14 다리 길이가 달라지지 않도록 대칭을 신경 쓰며 나머지 다리들도 전부 붙입니다.

15 전부 붙였을 때 살이 모자란 부분이 있다면 양모를 덧대어 연결 부분을 통통하게 만듭니다.

16 잘게 찢은 황갈색 양모를 몸통부터 다리 위로 자연스럽게 연결시켜 색을 입힙니다.

17 다리 바깥쪽 발목 부분까지 황갈색 양모를 얇게 얹고 1구바늘로 찔러 색을 입힙니다. 다리 안쪽은 색을 입히지 않습니다.

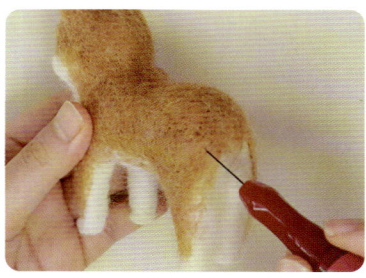

18 **17**번과 같은 과정으로 모든 다리에 색을 입힙니다.

19 황갈색 양모를 꼬리를 만들 만큼 뜯어 잘게 찢습니다.

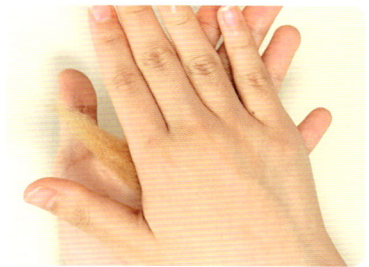

20 손으로 비벼 펠팅합니다. 길이 5~6cm 정도로 만듭니다.

21 만들어진 꼬리는 단단하지 않습니다. 사진과 같이 꼬리 양 끝이 뾰족해지도록 비벼 맙니다.

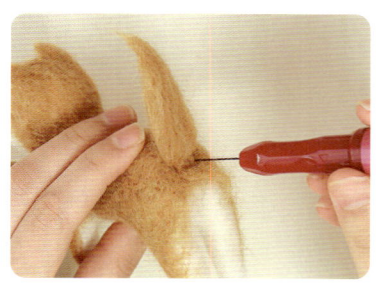

22 엉덩이 끝에 꼬리를 최대한 좁게 잡아 1구바늘로 찔러 붙입니다.

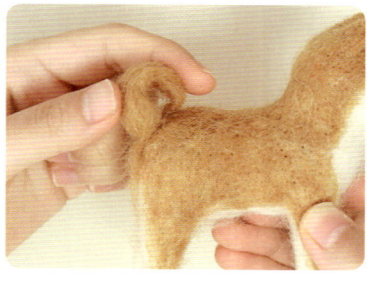

23 꼬리를 말아 올립니다.

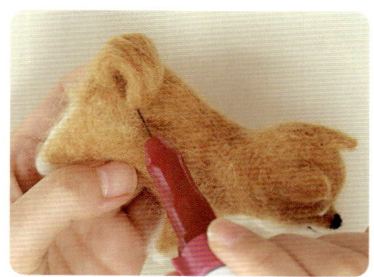

24 말린 꼬리 끝이 엉덩이 위에 맞닿게 1구바늘로 살짝 펠팅해 말린 모양을 고정시킵니다.

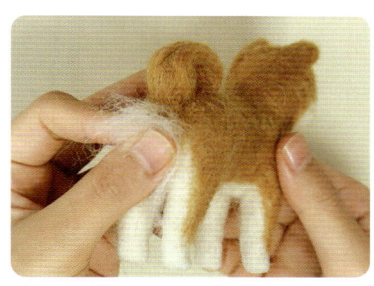 

25 흰색 양모를 다리부터 꼬리 시작점까지 덮고 1구바늘로 펠팅하여 엉덩이 색을 입힙니다.

26 엉덩이 쪽 색상이 완성된 모습입니다.

Part 3 귀여움 가득 동물 친구들   175

포메라니안

Animal
· 14 ·
포메라니안

실물 크기
도안
224쪽

포메라니안은 작고 귀여운 외모로 많은 사랑을 받는 견종 중 하나입니다.
잔디밭에서 만나면 솜뭉치가 굴러다니는 것처럼 보이기도 하죠! 작은 체구에 비해 용맹하고 대범하기로 유명한데요.
너무 귀여운 포메라니안을 만들어 볼게요. 페르시안 친칠라처럼 털을 잘 표현하는 게 포인트입니다.

준비물 도안, 베이스 양모, 흰색 양모, 크림색 양모, 검정색 양모, 분홍색 양모, 6mm 검정 솔리드 눈, 8mm 사각 코
* 털심기용 양모로는 일반 양모를 써도 상관이 없지만, 리얼 양모를 쓰는 것이 동물 표현에 있어서 더 좋습니다.

1. 얼굴 만들기

1 도안 '머리'를 만들 만큼의 베이스 양모를 준비합니다.

2 어느 정도 모양이 나올 때까지 작업 매트 위에서 떼지 않고 돌려 가며 1구바늘로 펠팅합니다.

3 어느 정도 단단해졌을 때 작업 매트에서 분리하면 반구가 만들어집니다. 밑면을 1구바늘로 정리합니다.

4 도안 '주둥이'를 만들 만큼의 흰색 양모를 준비합니다.

5 얼굴과 접합될 부분을 제외하고 1구바늘로 펠팅합니다.

6 주둥이 끝에는 코가 달릴 예정이니 최대한 단단하게 펠팅합니다. 너무 말랑거리면 코를 달 때 무너집니다.

Part 3 귀여움 가득 동물 친구들

7 만들어진 주둥이에서 접합면이 되는 부분을 넓게 펼칩니다.

8 머리 단면의 아랫부분 가장자리에 붙입니다. 주둥이 상면 쪽이 위를 향하도록 붙입니다.

9 주둥이를 붙인 옆모습입니다.

10 코가 들어갈 구멍을 송곳으로 뚫습니다.

11 실가위를 사용하여 코 구멍을 조금 더 넓힙니다.

12 8mm 사각 코를 넣습니다. 너무 헐거우면 목공용(섬유용) 본드를 바르고 넣습니다.

13 코를 중심으로 대칭이 되도록 눈구멍을 뚫습니다. 눈의 간격은 도안 '조립 예시(정면)'을 확인합니다.

14 6mm 검정 눈을 눈구멍에 심습니다. 너무 헐겁다면 목공용(섬유용) 본드를 바르고 넣습니다.

15 눈과 코를 심은 옆모습입니다.

16 흰색 양모를 잘게 찢습니다. 작업 매트 위에 얇게 얹고 5구바늘로 팅기듯 찔러 살짝 펠팅합니다.

17 눈 위에 덮은 다음 위아래만 살살 펠팅해 고정시킵니다.

18 눈 앞머리와 눈꼬리를 잡아 1구 바늘로 여러 번 살살 그어 나눠 줍니다.

19 일자로 나눠진 눈구멍을 아래위로 살살 찌르며 눈매를 잡습니다.

20 반대편 눈도 16~19번 과정과 같은 방법으로 눈매를 만듭니다.

21 눈매가 대칭이 되었는지 확인하고, 조금 부족한 곳이 있으면 16~19번 과정을 반복하여 보완합니다.

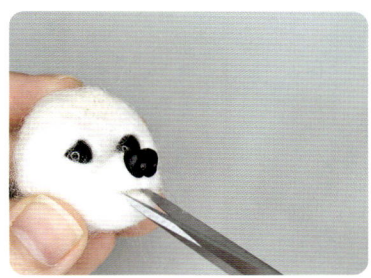

22 코에서 2mm 아래에 '―'자 모양으로 가위질해 입을 만듭니다.

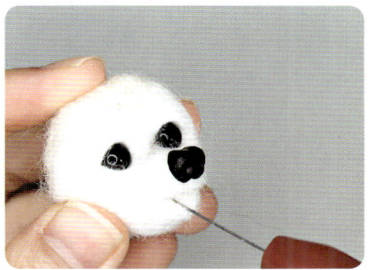

23 입을 살짝 벌리고, 웃는 입 모양이 되도록 1구바늘로 펠팅해 정리합니다.

24 검정 양모를 준비합니다. 저는 브라운 계열의 검정 양모를 사용했습니다.

25 검정 양모를 가느다랗게 잡고 집게손가락으로 비벼 맙니다.

26 코 아래쪽부터 일자로 심어 내려옵니다.

27 2mm 정도 내려온 후 입꼬리가 올라간 웃는 모양을 만들며 한쪽에 입술을 심습니다.

28 남은 양모는 잘라서 정리합니다.

29 반대편 입술도 대칭이 되도록 27번 과정과 같은 방법으로 심습니다.

30 입꼬리가 올라가기 직전 부분에서 시작하여 아래로 'V'자를 그리며 검정 양모를 심습니다. 대칭에 맞게 심어 아랫입술도 웃는 모양으로 만듭니다.

31 빈 공간을 입술과 같은 색 양모로 채웁니다.

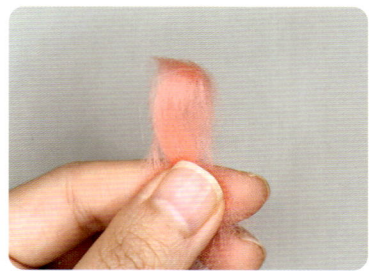

32 분홍색 양모를 손톱만큼 준비합니다.

33 작업 매트 위에서 새끼손톱보다 더 작게 혓바닥을 펠팅합니다. 펠팅할 때 자주 손바닥 열로 비벼 주면 더 빠른 펠팅이 가능합니다.

34 입 안쪽 깊숙이 찔러 넣어 혓바닥을 심습니다.

35 크림색 양모를 잘게 뜯어 작업 매트에 얇게 올립니다. 5구바늘로 팅기듯 찔러 앞뒷면을 골고루 펠팅합니다.

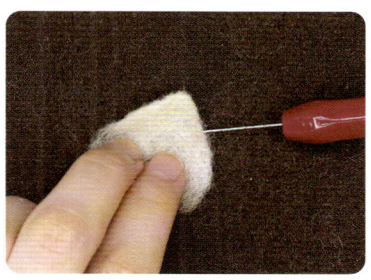

36 도안 '귀' 모양을 참고하여 세모로 접은 후 가장자리를 1구바늘로 정리합니다.

37 한 쌍의 크림색 귀를 만듭니다.

38 머리 위쪽에 귀를 얹고 시침핀으로 고정합니다. 귀의 위치는 도안 '조립 예시'를 참고합니다.

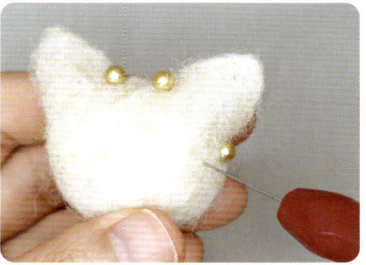

39 1구바늘로 골고루 찔러 귀를 고정합니다.

40 고정이 되었으면 시침핀을 제거합니다.

Part 3 귀여움 가득 동물 친구들

2. 몸 만들기

1 도안 '몸통(상면)'을 만들 만큼의 베이스 울을 준비합니다.

2 도안 '몸통(상면)'을 참고하여 몸통 베이스를 만듭니다. 머리와 접합될 면은 펠팅하지 않습니다.

3 꽤 단단해졌다면 도안 '몸통(측면)'의 모양처럼 접어 올리고 1구바늘로 접힌 부분을 펠팅하여 접힌 모양을 고정시킵니다.

4 몸통의 펠팅되지 않은 면 위에 머리를 놓고 몸통에서 머리 쪽으로 찔러 머리와 몸통을 붙입니다.

5 도안 '다리(정면)' 중 왼쪽에 있는 다리를 만들 수 있을 만큼의 흰색 양모를 준비합니다.

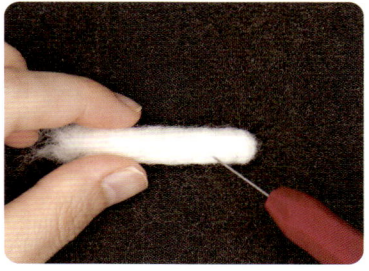

6 작업 매트 위에서 1구바늘로 찔러 다리를 만듭니다.

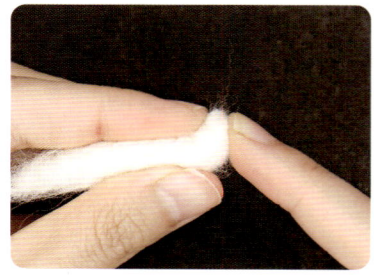

7 도안 '다리(측면)'과 같은 모양으로 다리 끝을 접습니다.

8 접힌 다리 끝을 1구바늘로 찔러 모양을 고정시킵니다.

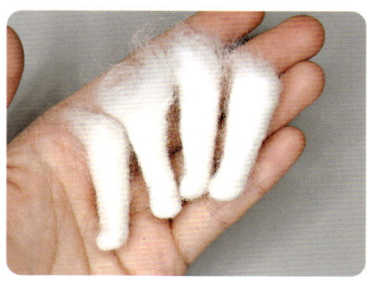

9 5~8번 과정을 반복하여 다리를 총 4개 만듭니다.

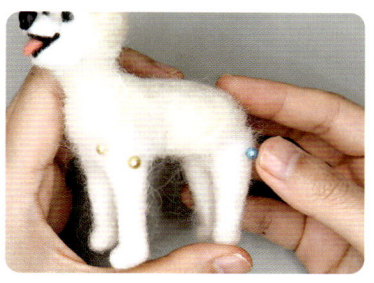

10 다리들을 몸통 아래쪽에 놓고 시침핀을 꽂아 위치를 잡습니다.

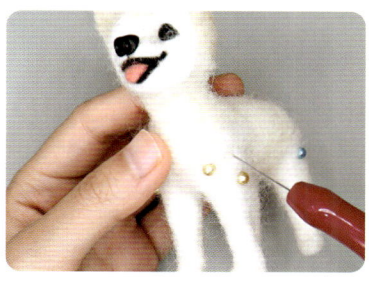

11 1구바늘로 각각 찔러 고정시킵니다.

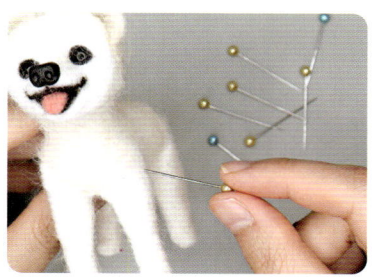

12 모든 다리가 고정되면 시침핀을 제거합니다.

3. 얼굴 털 심기

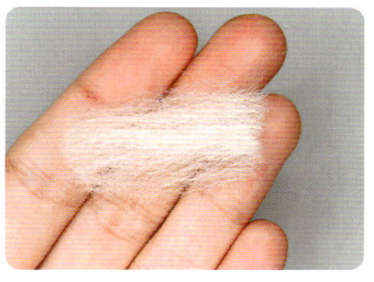

1 크림색 양모를 3cm 이상의 길이로 길게 자릅니다.

※ PART 2.4 TIP ① 일자심기 참고

2 머리 꼭대기에 일자심기로 털을 심습니다.

3 머리 꼭대기부터 2mm 간격으로 일자심기를 하면서 콧등 전까지 내려옵니다.

4 3번에서 심은 양모를 기준으로 옆쪽, 즉 귀 안쪽부터 크림색 양모를 일자심기로 심습니다.

5 귀 안쪽부터 2mm 간격으로 일자심기를 하며 내려와 눈에서 2mm 앞 위치까지 심습니다.

6 볼 끝에 사진과 같은 방향으로 일자심기를 합니다.

Part 3 귀여움 가득 동물 친구들

7 다시 2mm 간격으로 일자심기를 해 볼 안쪽까지 털을 심습니다.

8 4~7번 과정을 반복하여 반대편 털도 대칭으로 심습니다.

9 흰색 양모를 4cm 이상 길게 잘라 준비합니다.

10 가슴팍과 볼 아래 양쪽에 한 줄씩 심습니다.

11 가슴팍에 심을 때는 털들이 원 모양을 만들도록 1~2mm 간격으로 심어서 채웁니다.

12 턱 아래까지 촘촘하게 심습니다.

13 가까이에서 본 모습입니다.

※ PART 2.4 TIP ② 점심기 참고

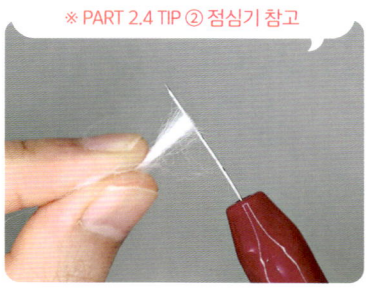

14 1구바늘에 흰색 양모를 감습니다.

15 점심기로 턱 아래쪽에 털을 촘촘하게 심습니다.

16 눈을 제외하고 볼까지 점심기로 털을 심습니다. 흰색 양모를 사용합니다.

17 크림색 양모를 눈꼬리부터 눈머리까지 점심기로 심습니다.

18 눈머리까지 심은 모습입니다.

19 반대편 눈에도 점심기로 심습니다.

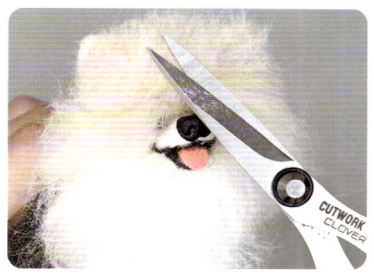

20 머리 위쪽부터 털을 가위로 정리합니다. 이때 가위의 방향은 사진과 같아야 합니다. 털을 정리할 때는 털이 누워지는 방향으로 잘라 정리합니다.

21 너무 많이 자르면 돌이킬 수 없습니다. 나중에 전체적으로 한 번 정리할 수 있도록 결만 잘 정리합니다.

22 1차로 정리된 앞모습입니다.

23 눈 위쪽을 1구바늘로 살살 찔러 쌍꺼풀을 만듭니다.

24 반대편 눈에도 쌍꺼풀을 만들어 깊은 눈매를 단듭니다.

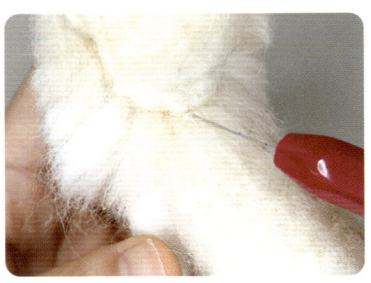

25 턱에 심어진 양모를 1구바늘이나 가위 끝으로 살살 들어 올립니다. 가슴팍에 심어진 양모와 구분되도록 하기 위함입니다.

26 턱 바로 아래쪽 양모를 짧게 잘라서 다듬습니다.

27 뒤쪽 목 아랫부분부터 크림색 양모로 일자심기를 합니다.

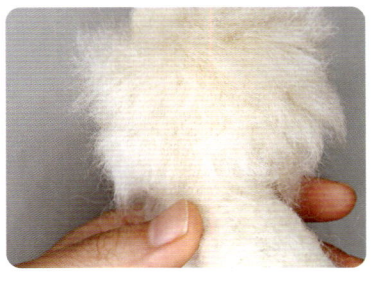
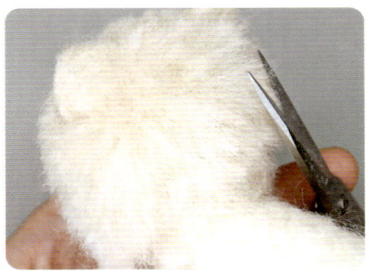

28 목 아랫부분부터 머리 위쪽까지 2mm 간격으로 일자심기하여 올라갑니다.

29 털 길이를 정리합니다.

4. 몸통 털 심기

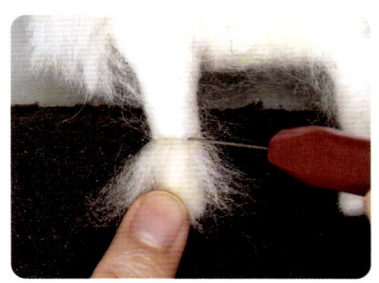

1 발목 바깥쪽에 크림색 양모를 일자심기합니다. 발목을 작업할 때는 얇은 작업 매트를 다리 사이에 끼우면 작업하기 수월합니다.

2 다리 안쪽에는 흰색 양모, 다리 바깥쪽에는 크림색 양모로 일자심기를 하여 다리에 전체적으로 털을 심습니다. 촘촘하게 심습니다.

3 가위를 아래에서 위로 하여 자릅니다. 다리털 또한 아래에서 위로 갈수록 털이 많아지는 모양이기 때문에 발목 쪽은 길이가 짧게, 허벅지로 갈수록 길이가 길어지게 다듬습니다.

4 털이 다듬어진 모습입니다.

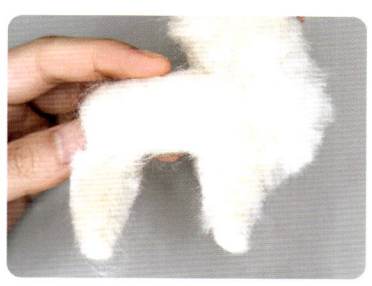

5 1~4번 과정을 반복하여 4개의 다리에 털을 심고 다듬습니다.

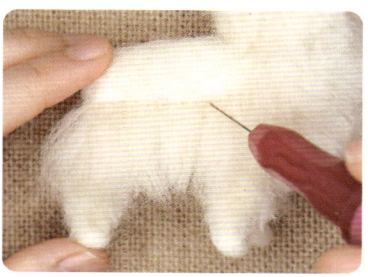

6 몸통 가장 아래쪽부터 크림색 양모로 일자심기를 합니다.

7 반대편도 크림색 양모로 일자심기를 합니다.

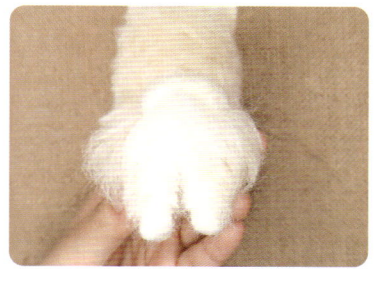

8 엉덩이 쪽에는 흰색 양모를 일자심기로 심습니다.

9 2mm 간격으로 둥그렇게 일자심기하며 등 부근까지 올라옵니다.

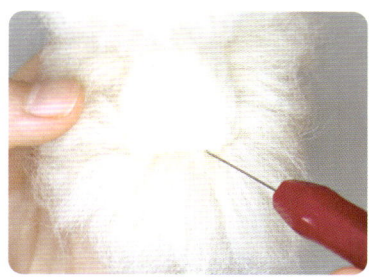

10 등판이 조금 남았을 때 엉덩이 쪽부터 목 아래쪽 방향으로 크림색 양모를 일자심기하여 털을 채웁니다.

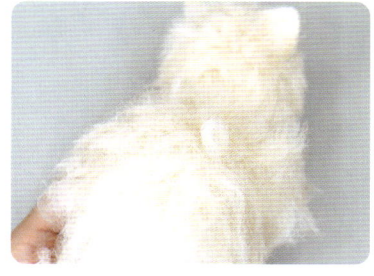

11 모든 털이 심어졌습니다.

12 털이 진행되는 방향으로 조금씩 잘라 전체적인 털의 모양을 다듬습니다. 이때 뭉친 부분은 1구바늘을 사용하여 안쪽에서 바깥쪽으로 빗질하듯 건드려 풀어 주면서 다듬습니다.

Part 3 귀여움 가득 동물 친구들

13 작업 매트 위에 네 다리를 시침 핀으로 고정시킨 후 작업하면 수월합니다.

4. 꼬리 붙여 완성하기

1 크림색 양모를 한 뭉텅이 준비합니다.

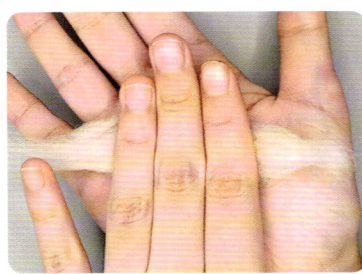

2 두 손의 열로 표면이 고정될 만큼 비빕니다.

3 작업 매트 위에 동그란 꼬리 모양으로 말아 올려 놓고 1구바늘로 펠팅해 모양을 고정시킵니다.

4 엉덩이 끝에 꼬리 끝을 심습니다.

5 꼬리가 심어진 옆모습입니다.

완성

zzum's lesson

쯈언니의 귀여운 동물 양모펠트

- (Accessories 01) 다람쥐 리스
- (Accessories 02) 꽃 한 송이(들국화)
- (Accessories 03) 닭 둥지 코스터
- (Accessories 04) 고양이 장난감

Part 04

동물 친구들과 함께하는 소품들

Accessories 01
다람쥐 리스

우리가 Part 3에서 만들어 본 양모 인형들을 리스에 얹어 봐요.
작품의 특징에 맞춰 리스의 장식들이 변한답니다! 조화도 좋지만 양모의 따뜻함을 강조하고 싶어서
양모로 쉽고 간단하게 리스를 만들어 봤어요. 응용해서 꽃도 만들 수 있고 낙엽도 만들 수 있어요.
인형을 보관하기 마땅하지 않을 때 리스로 만들어 고정시켜 걸어 놓으면 인테리어도 되고, 보관도 문제 없답니다.

준비물 두꺼운 도화지, 양모 인형(다람쥐 등), 녹색 계열 양모, 리스 틀20cm,
장식들, 칼, 꽃철사(지철사), 니퍼 또는 가위, 평집게, 글루건, 솔방울

1 두꺼운 도화지 9x2.5cm를 준비합니다.

2 도화지 중앙에 칼선을 반듯이 넣습니다. 이때 두 동강이 나지 않도록 칼선을 적당히 깊게 넣습니다.

3 칼집이 난 면이 바깥으로 접히도록 접습니다.

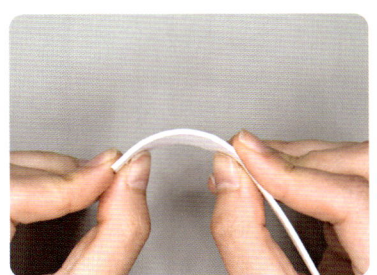

4 도화지를 구부립니다. 이때 구부러지는 안쪽 면에 칼집을 촘촘히 낼수록 잘 구부러집니다.

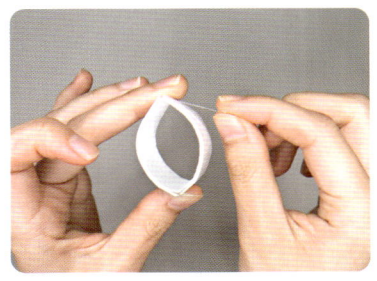

5 나뭇잎 모양으로 구부려 테이프로 양 끝을 맞대고 고정시킵니다. 지금부터 이것을 나뭇잎 틀이라고 하겠습니다.

6 원하는 나뭇잎 색의 양모를 준비합니다.

7 저는 올리브색과 초록색을 1:1 비율로 섞었습니다.

8 두 색의 양모를 최대한 엉키지 않게 조금씩 잘게 뜯다 보면 자연스럽게 섞입니다.

9 작업 매트 위에 나뭇잎 틀을 세우고 그 안에 잘게 뜯은 양모를 얇게 깝니다.

10 나뭇잎 틀을 잡은 손가락에 힘을 주어 최대한 모양을 고정시키며 1구바늘로 살살 여러 번 펠팅합니다.

11 나뭇잎 틀을 제거했을 때 작업 매트에서 모양을 유지할 정도면 됩니다.

12 모양이 흐트러지지 않게 조심스럽게 떼어냅니다. **10**번 과정에서 너무 깊게 찔렀다면 작업 매트에서 분리하기가 어렵습니다.

13 떼어낸 양모를 뒤집어서 나뭇잎 틀에 넣습니다.

14 1구바늘로 다시 펠팅합니다. 이 과정을 더 이상 모양이 흐트러지지 않을 정도로 합니다.

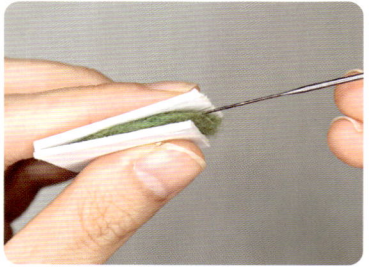

15 두꺼운 도화지를 겹친 다음 사이에 펠팅된 양모를 넣습니다. 손이 찔리지 않게 살살 펠팅해 가장자리의 실밥을 정리합니다.

16 나뭇잎입니다. 20개 정도 만듭니다.

17 나뭇잎 아래쪽에 글루건을 붙입니다.

18 가느다란 꽃철사 위쪽에 붙여 고정시킵니다.

19 두 번째 나뭇잎부터는 나뭇잎 아래쪽을 접고 글루건으로 접은 면끼리 붙입니다.

20 그리고 나뭇잎 오른쪽에 글루건을 약간 붙입니다.

21 철사의 왼쪽에 나뭇잎을 붙입니다.

22 같은 방법으로 나뭇잎 왼쪽에 글루건을 붙여 철사 오른쪽에 붙입니다.

23 이 과정을 반복하여 나뭇잎을 붙여 나갑니다.

24 각각 9개씩 나뭇잎이 붙어 있는 줄기 2개를 만듭니다.

25 줄기 끝을 리스 틀에 말아 단단히 고정합니다.

26 이렇게 줄기끼리 꼬아 리스에 감으면 됩니다. 줄기의 방향과 모양은 원하는 모양으로 구부리면 됩니다.

27 리스 틀 어디에 붙이든 원하는 방향으로 돌리면 되니 대칭만 신경 씁니다.

28 깨끗한 솔방울을 준비합니다.

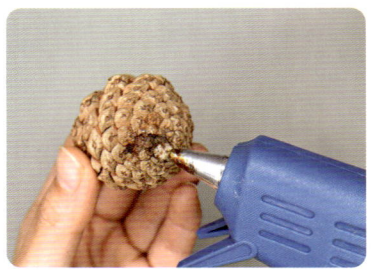

29 솔방울 뒷면에 글루건을 붙입니다.

30 고정시켜 놓은 줄기 정가운데에 위치하도록 붙입니다.

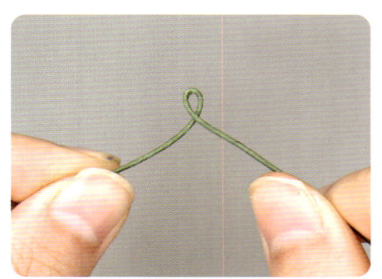

31 꽃철사를 한 번 꼽니다.

32 꼬아진 끝을 잡고 최대한 벌린 다음 균일하게 2~3cm 정도 꼽니다.

33 다람쥐 양모 인형의 바닥 면을 가위로 살짝 뚫습니다(다람쥐가 아닌 오목눈이, 새앙토끼 등도 가능합니다).

34 뚫어진 바닥면에 철사를 꽂습니다. 겉에만 가위질을 하고 안쪽은 힘으로 꽂아 넣는 것이 고정하기 좋습니다. 헐겁다면 목공용 본드를 사용합니다.

35 리스 위 원하는 위치에 얹고 철사를 꼽니다.

36 꼬아진 철사는 리스 뒤쪽으로 숨깁니다.

완성

Accessories 02

꽃 한 송이 (들국화)

가장 깔끔하고 어떠한 인형에도 잘 어울리는 소품인 들국화!
동물 인형들의 따뜻한 소품이 되는 꽃 한 송이를 만들어 보려고 합니다.
저는 이 꽃 한 송이를 귀여운 새앙토끼에게 선물하기도 하고 사랑스러운 고슴도치에게 쥐어 주기도 하는데요.
여러분도 예쁘게 만들어 인형 친구들에게 선물해 보세요.

준비물 두꺼운 도화지, 꽃철사(지철사), 흰색 양모, 노란색 양모, 초록색(풀색) 양모, 평집게, 니퍼

1 두꺼운 도화지 6.3x2.5cm를 준비합니다.

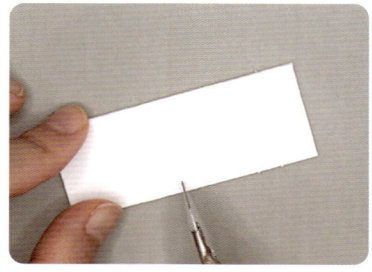

2 안쪽 면에 칼집을 촘촘히 냅니다. 구부리기 위함입니다.

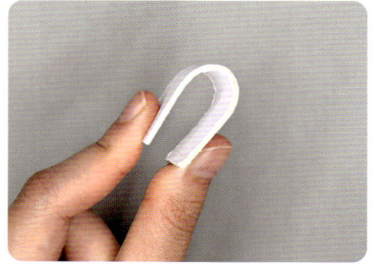

3 얇은 물방울 모양이 되도록 구부립니다.

4 맞닿은 끝부분을 테이프로 붙여 고정시킵니다. 꽃잎 틀이라고 하겠습니다.

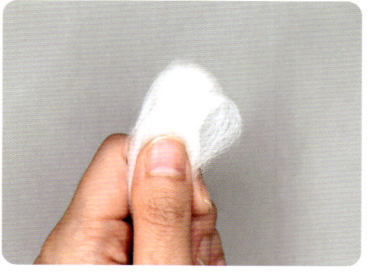

5 흰색 양모를 준비합니다.

6 흰색 양모를 잘게 뜯어 꽃잎 틀 안쪽에 얇게 깝니다.

※ PART 4.1 다람쥐 리스
9~14번 과정 참고

7 1구바늘로 살살 여러 번 찔러 펠팅 합니다.

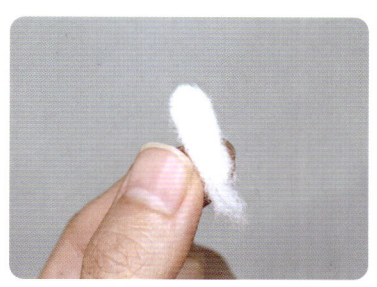

8 흰색 꽃잎입니다.

9 8번과 같은 모양으로 흰색 꽃잎을 10개 이상, 초록색 잎을 5개 이상 만듭니다.

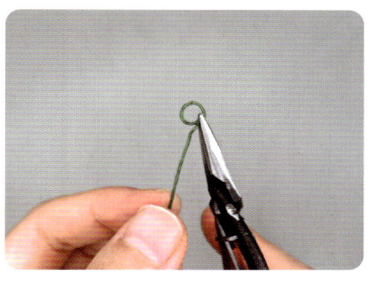

10 꽃철사 끝을 평집게로 동그랗게 맙니다.

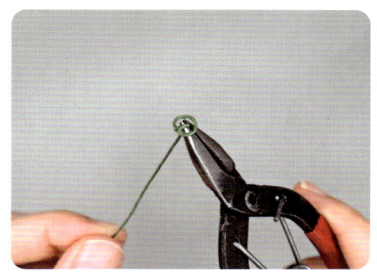

11 철사 끝부분이 동그라미 안쪽 중앙에 위치하도록 접은 다음 만 부분을 직각으로 접습니다.

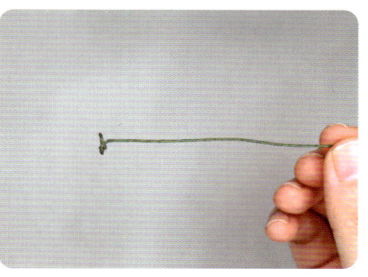

12 옆에서 봤을 때 이런 모양이 됩니다.

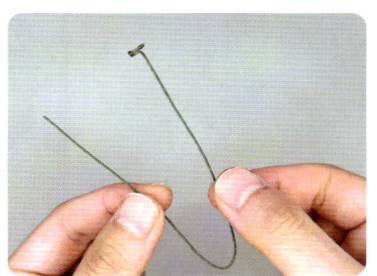

13 12번 상태에서 철사 길이가 15cm가 되도록 자른 후 반으로 접습니다.

14 접힌 면 양쪽에서 최대한 강하게 당겨 고리를 작게 만듭니다.

15 고리를 평집게로 잡고 Y자 모양을 유지하며 끝까지 꼽니다.

16 다 꼬았다면 동그란 부분을 제외하고 철사를 최대한 일자로 폅니다.

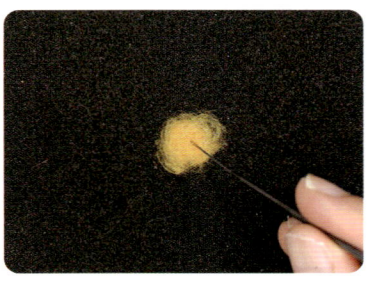

17 노란색 양모를 엄지손톱만큼 뜯어 작업 매트 위에서 펠팅합니다.

18 어느 정도 양모들끼리 엉키면 16번에서 만든 철사의 동그란 부분에 감쌉니다.

19 1구바늘로 돌리며 골고루 찔러 철사에 고정시킵니다. 이것을 이제부터 꽃밥이라고 하겠습니다. 가운데에 철사가 보이는 면이 밑면입니다.

20 흰색 꽃잎을 꽃밥 밑면에 1구바늘로 살살 찔러 붙입니다.

21 20번과 동일한 방법으로 시계 방향 또는 반시계 방향으로 돌려 가며 꽃잎을 붙입니다.

22 모든 꽃잎을 전부 둘렀으면 꽃밥에 노란색 양모를 조금 더 추가해 펠팅하며 정리합니다.

23 들국화 꽃잎이 살짝 오므라들 수 있도록 한 번 강하게 말아 줍니다.

24 풀색 양모를 얇게 펼쳐 준비합니다. 저는 초록색과 올리브색을 섞은 양모를 준비했습니다.

25 꽃받침이 될 부분부터 강하게 감아 내려갑니다.

26 1구바늘로 표면을 살살 펠팅하여 고정시킵니다. 철사에 펠팅하면 바늘이 부러질 수 있으니 주의합니다.

27 지저분한 줄기 표면은 손바닥 또는 손가락으로 비벼 열로 펠팅합니다.

28 9번에서 만들어 놓은 초록색 잎을 꽃받침이 위치할 부분에 1구바늘로 여러 번 찔러 붙입니다.

29 작업판 끝에 걸쳐 놓고 작업하면 더 단단하게 고정할 수 있습니다.

30 마지막으로 손으로 줄기를 비벼 표면을 정리합니다.

완성

Part 4 동물 친구들과 함께하는 소품들

Accessories 03
닭 둥지 코스터

닭이 깔고 앉아 있던 둥지! 기억하시나요? 사실 그 둥지는 티 코스터였답니다.
이번에 만들 소품은 티 코스터입니다. 흔한 닭 둥지 대신 닭 둥지 색상과 비슷한 색상으로 코스터를 만들어 봤어요.
닭 둥지로 쓰다가 티 코스터로 써도 되고, 티 코스터만 만들어서 사용해도 됩니다.
응용해서 색상을 다양하게 만들어 보세요!

준비물 황갈색 양모

1 황갈색 양모를 잘게 뜯어 준비합니다.

2 작업 매트 위에 얇게 펼쳐 놓고 5구바늘로 골고루 펠팅합니다.

3 1구바늘로 가장자리를 동그랗게 다듬으며 펠팅합니다. 최대한 판판하고 단단하게 마무리합니다. 코스터 밑판입니다.

4 황갈색 양모를 잘게 뜯어 짧게 잡습니다.

5 굴려 가며 1구바늘로 길게 펠팅합니다. 이때 손으로 자주 비비며 펠팅하면 더 빠르게 작업할 수 있습니다. 양 끝은 펠팅하지 않습니다.

6 길게 펠팅된 양모의 양 끝을 동그랗게 말아 만들어 놓은 밑판에 1구바늘로 펠팅하여 고리 모양으로 붙입니다.

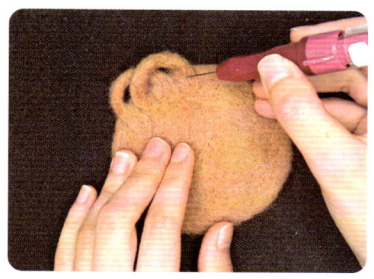

7 또다시 같은 방식으로 양모를 길게 펠팅하여 이전에 붙인 고리 사이로 겹쳐지도록 붙입니다.

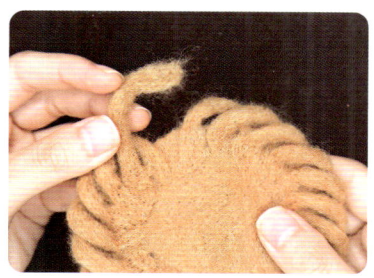

8 4~7번 과정을 반복하여 붙입니다. 완성까지 고리 2개를 남겼을 때, 마지막에서 두 번째 고리의 끝을 첫 번째로 붙인 고리의 시작점 뒤쪽에 놓이게 코스터 밑판 뒷면에 붙입니다.

9 뒤에서 본 모습입니다. 사진에서 1구 바늘이 위치한 곳이 8번에서 말한 첫번째 고리 뒤쪽에 붙인 모습입니다.

10 마지막 고리 끝은 코스터 밑판 뒷면 두 번째 고리의 시작점 위치에 붙입니다.

11 뒤에서 본 모습입니다. 바늘로 가리키는 곳이 10번에서 설명한 두 번째 고리 시작점 위치입니다.

12 접합면이 지저분할 것입니다.

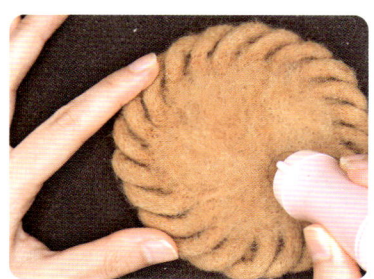

13 황갈색 양모를 잘게 찢어 코스터 위에 최대한 얇게 펼쳐 놓고 5구바늘로 접합면을 보정하듯 정리합니다.

완성

Part 4 동물 친구들과 함께하는 소품들

고양이 장난감

Accessories 04

고양이 인형과 함께 배치된 고양이 장난감! 크게 만들면 실제 고양이 장난감으로 사용할 수 있습니다.
고양이 장난감 소품을 만들고 싶은 분들은 제가 만든 크기보다 작게 만들어 주세요.
고양이가 가지고 놀아도 괜찮을 정도로 단단하게 만드는 게 포인트입니다.

준비물 베이스 울(선택), 노란색 양모, 적갈색 양모, 흰색 양모, 낚싯줄(또는 끊어지지 않는 줄), 나무 막대기, 꽃철사, 평집게, 니퍼

1 베이스 울을 한 움큼 집니다. 이번에는 크기는 중요하지 않습니다. 원하는 크기로 뭉칩니다.

2 1구바늘과 3구바늘을 사용하여 최대한 단단한 타원형 양모 볼을 만듭니다.

3 노란색 양모를 잘게 뜯어 준비합니다.

4 베이스 울 위에 얇게 펼친 다음 5구 바늘로 색상을 입힙니다.

5 베이스 울을 사용하지 않고 노란색 양모만으로 만들어도 상관없습니다.

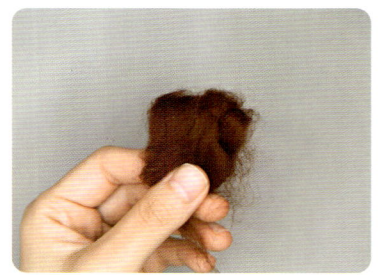

6 적갈색 양모를 잘게 뜯어 준비합니다.

7 먼저 머리가 될 부분을 정해 적갈색 양모를 동그랗게 올려 심습니다.

8 적갈색 양모를 길게 잡아 머리를 기준으로 띠를 둘러 심습니다. 이때 1구 바늘로 위치만 잡듯이 살짝 심습니다.

9 나머지 띠도 두르고 5구바늘로 여러 번 펠팅하여 확실히 색을 입힙니다. 뒤꽁무니는 좀 더 넓고 간격이 촘촘하도록 합니다.

10 흰색 양모를 잘게 뜯어 준비합니다.

11 작업 매트 위에 얇게 펼쳐서 5구 바늘로 골고루 펠팅합니다.

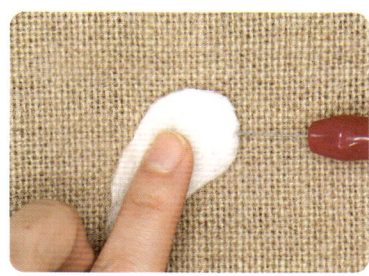

12 날개를 가로세로 2:3 비율로 동그랗게 만듭니다. 크기는 중요하지 않습니다. 만들어 든 몸통과 비교하여 적당한 크기로 만듭니다.

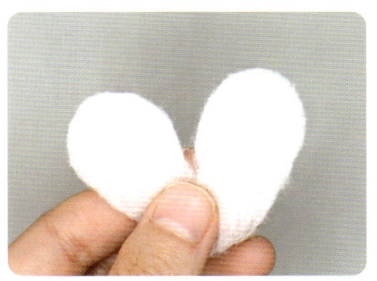

13 날개 한 쌍을 만듭니다.

14 날개를 살짝 접어 벌 등에 붙입니다. 방향은 사진 속 머리와 뒤꽁무니를 확인해 붙입니다.

15 두 날개를 최대한 단단하게 고정시킵니다.

16 접힌 날개 안쪽도 단단하게 고정 될 때까지 찔러서 붙입니다.

17 가위로 필요 없는 날개 부분을 잘라 냅니다.

18 노란색 양모를 덧대어 날개의 이음새를 감춥니다.

19 장난감이 될 벌이 완성되었습니다.

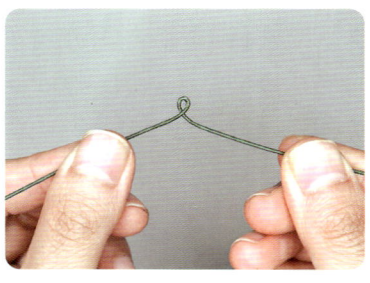

20 준비한 꽃철사를 접고 한 번 꼬아 고리를 만듭니다.

21 평집게로 고리 쪽을 잡고 두어 번 감습니다.

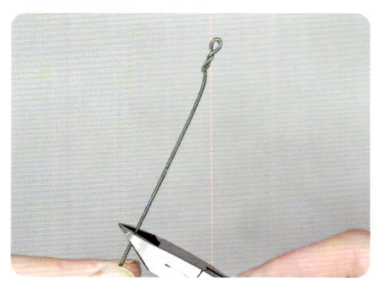

22 두어 번 감은 끝을 니퍼로 짧게 자른 후 철사의 총 길이가 6cm 이상 되도록 자릅니다.

23 고리에 굵은 끈 또는 낚싯줄을 넣습니다.

24 고리에 단단하게 매듭을 짓습니다.

25 장난감 벌의 머리에서 꼬리 쪽으로 관통시킵니다. 이때 미리 1구바늘로 깊이 찔러 관통시킨 후에 하면 수월하게 뚫립니다.

26 꼬리 끝에 나온 꽃철사를 최대한 당겨 잡아 평집게로 구부립니다.

27 한 번 더 구부려 단단하게 고정시킵니다. 접힌 부분의 길게 나온 꽃철사는 니퍼로 짧게 자릅니다.

28 꼬리 쪽과 같은 갈색 양모를 소량 얹은 다음 1구바늘로 펠팅해 꽃철사를 감춥니다.

29 머리 쪽부터 이어지는 끈 끝을 준비한 나무 막대기 끝에 감아 매듭짓습니다.

Part 4 동물 친구들과 함께하는 소품들

부록

인형 제작 가이드용 도안지

인형을 만들 때 각 부분의 모양은 어때야 하며 크기는 어느 정도가 되어야 하는지, 서로 결합할 때의 결합 위치는 어디쯤이 좋은지 헷갈리실 텐데요. 이를 위해 동물별로 실제 인형 크기에 맞는 도안지를 제공하고 있습니다. 만약 인형을 더 크게 만들고 싶다면 각 부분을 만들 때 전체적으로 도안지 모양보다 더 크게 만들면 됩니다. 양모를 덧대어서 크기를 키우면 되니 간단하죠?

도안지는 크기와 위치를 위한 가이드일 뿐이니 도안지를 가이드로 삼되 도안지와 모양이 조금 다르다고 너무 신경 쓰지는 않아도 됩니다.

도안지 페이지를 잘라서 사용해도 됩니다. 도안지 페이지를 잘랐다면 종이를 잃어버리지 않게 잘 보관해 두세요.

곰 인형 ……… 24p

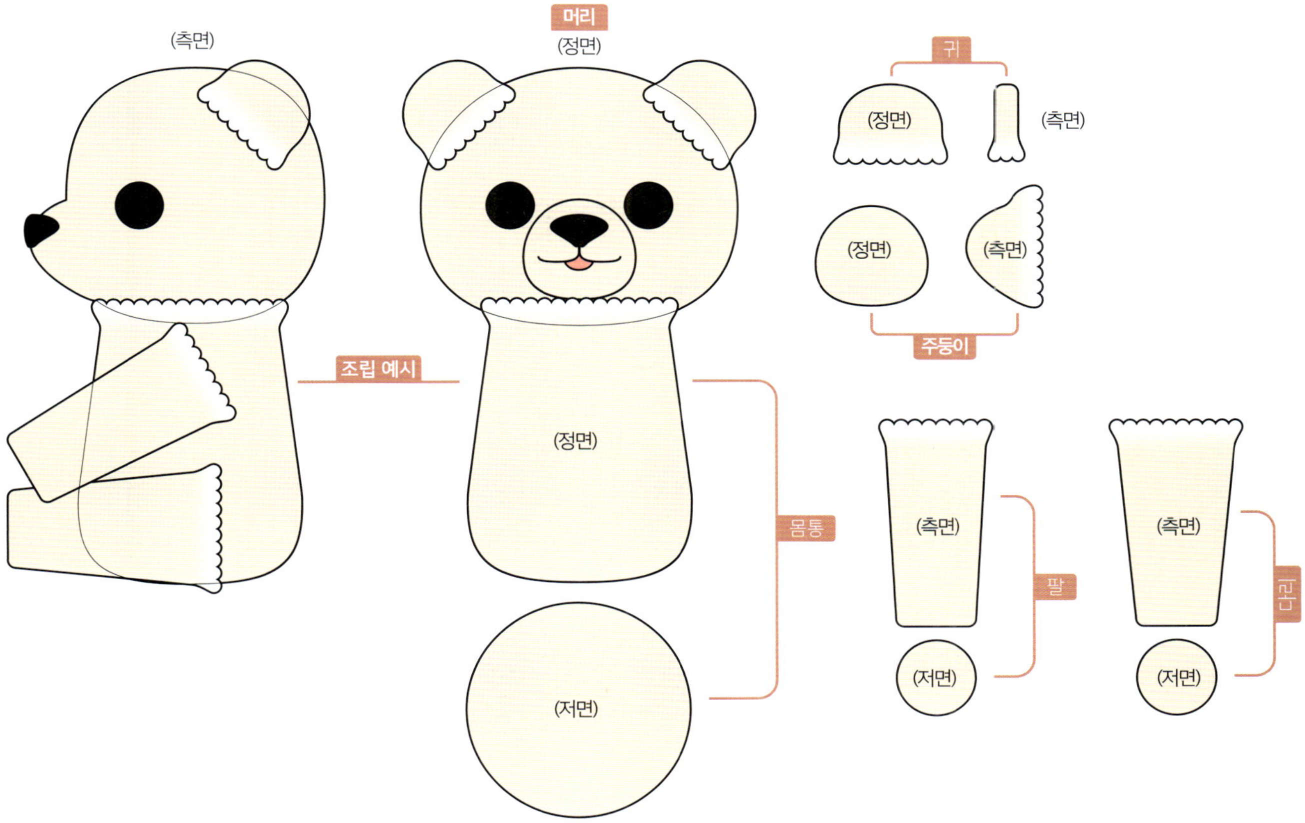

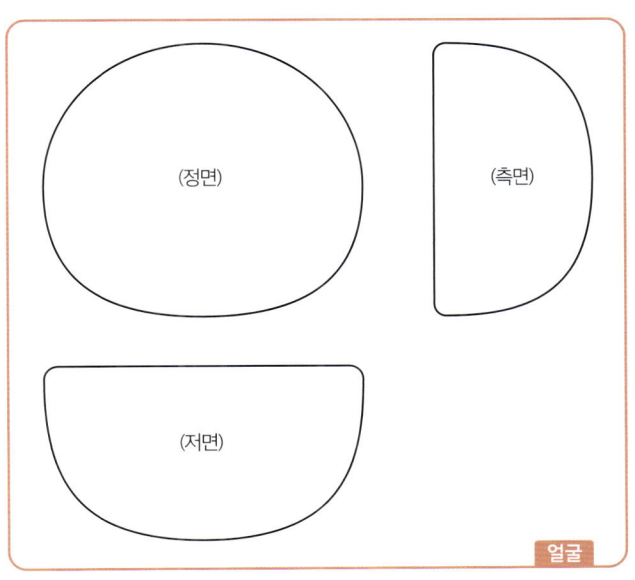

고양이 브로치 ……… 34p

심플 양 ······ 42p

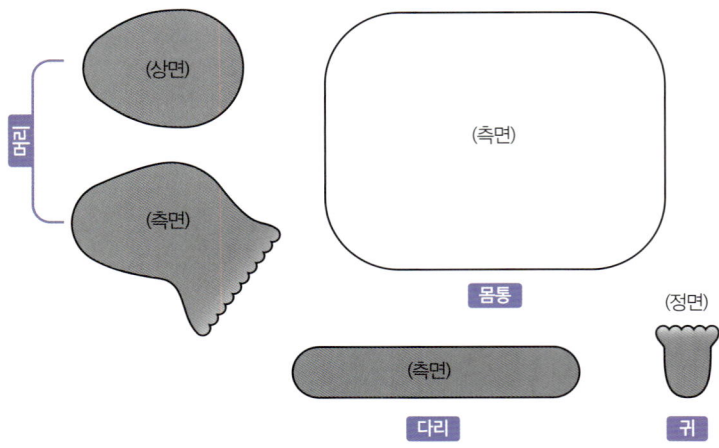

기니피그 ······ 54p

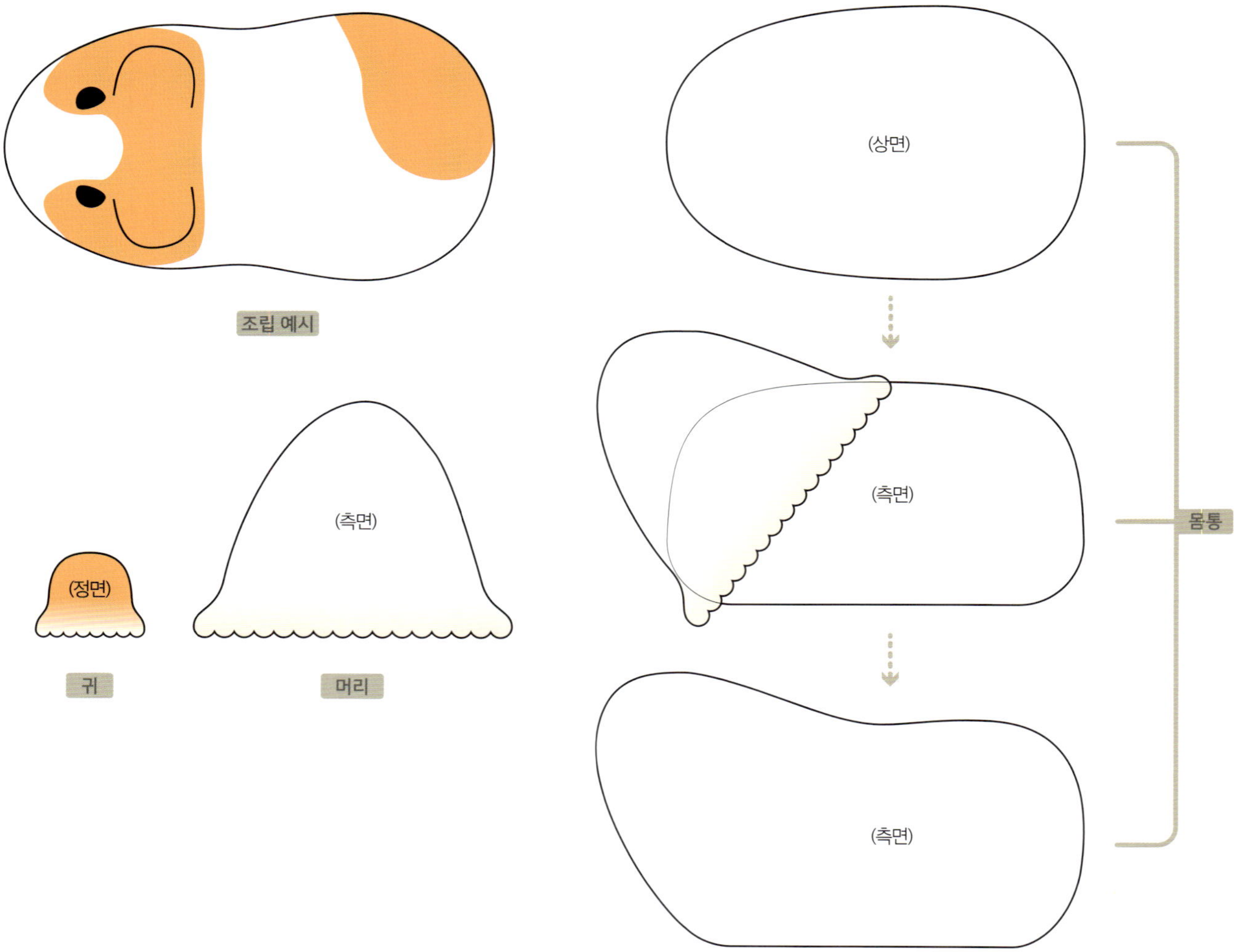

다람쥐

 60p

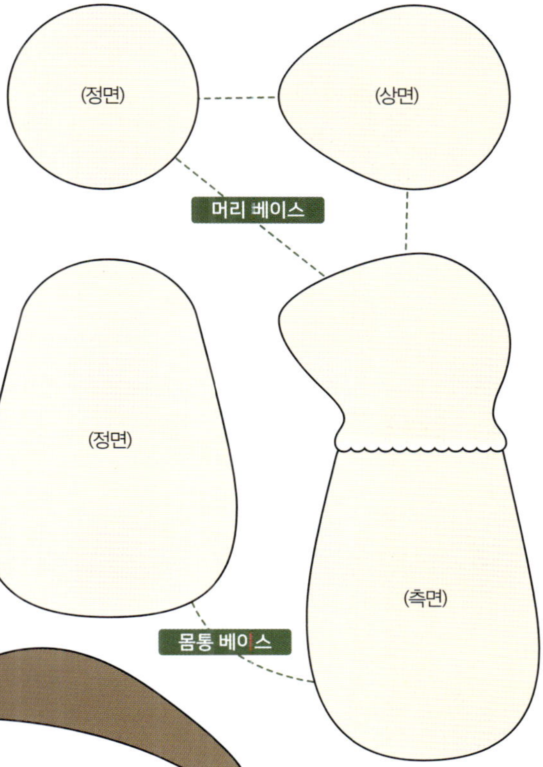

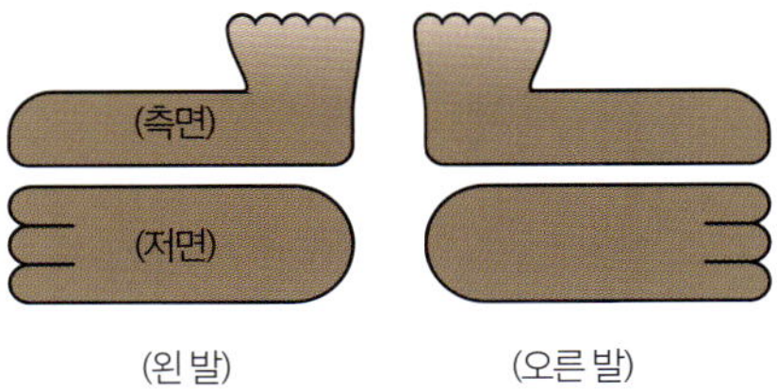

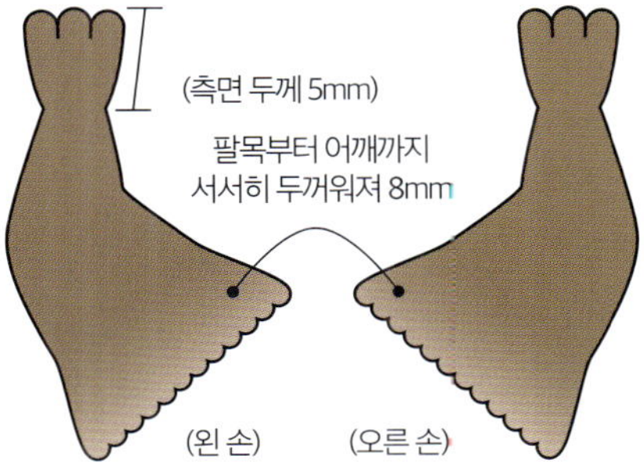

고슴도치

80p

(상면)

(정면)

(측면)

조립 예시

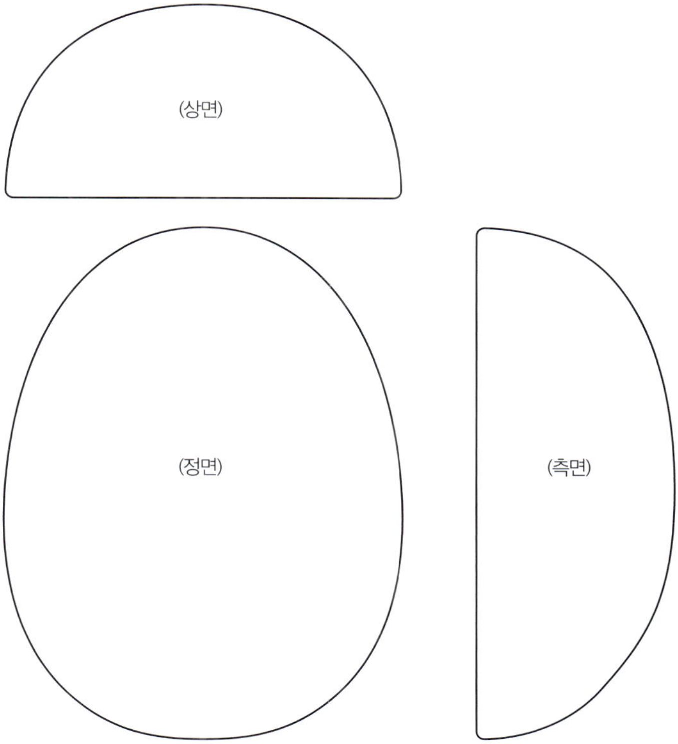

몸통

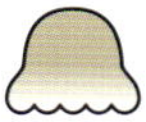

귀

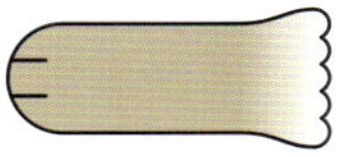

팔

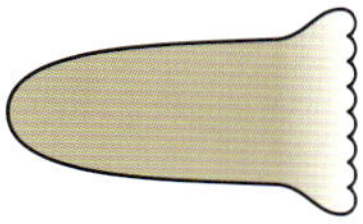

주둥이

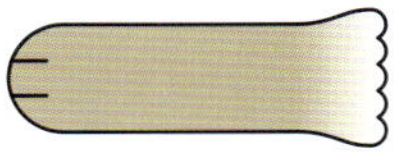

다리

고슴도치 스킨

병아리

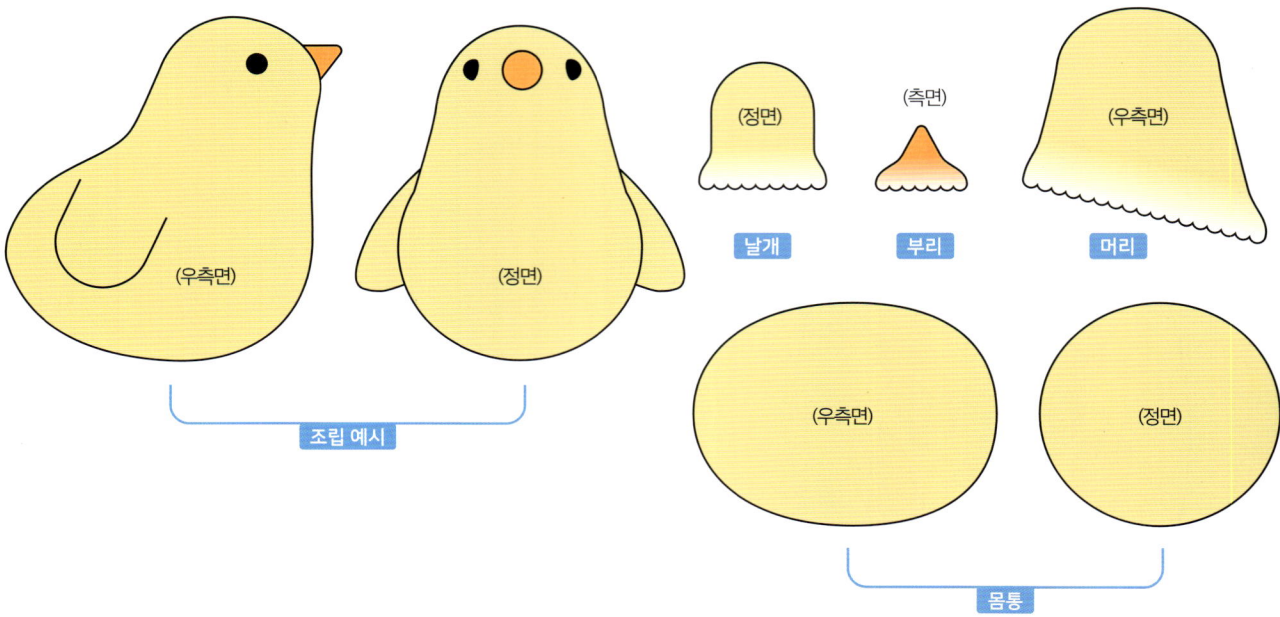

암탉 96p

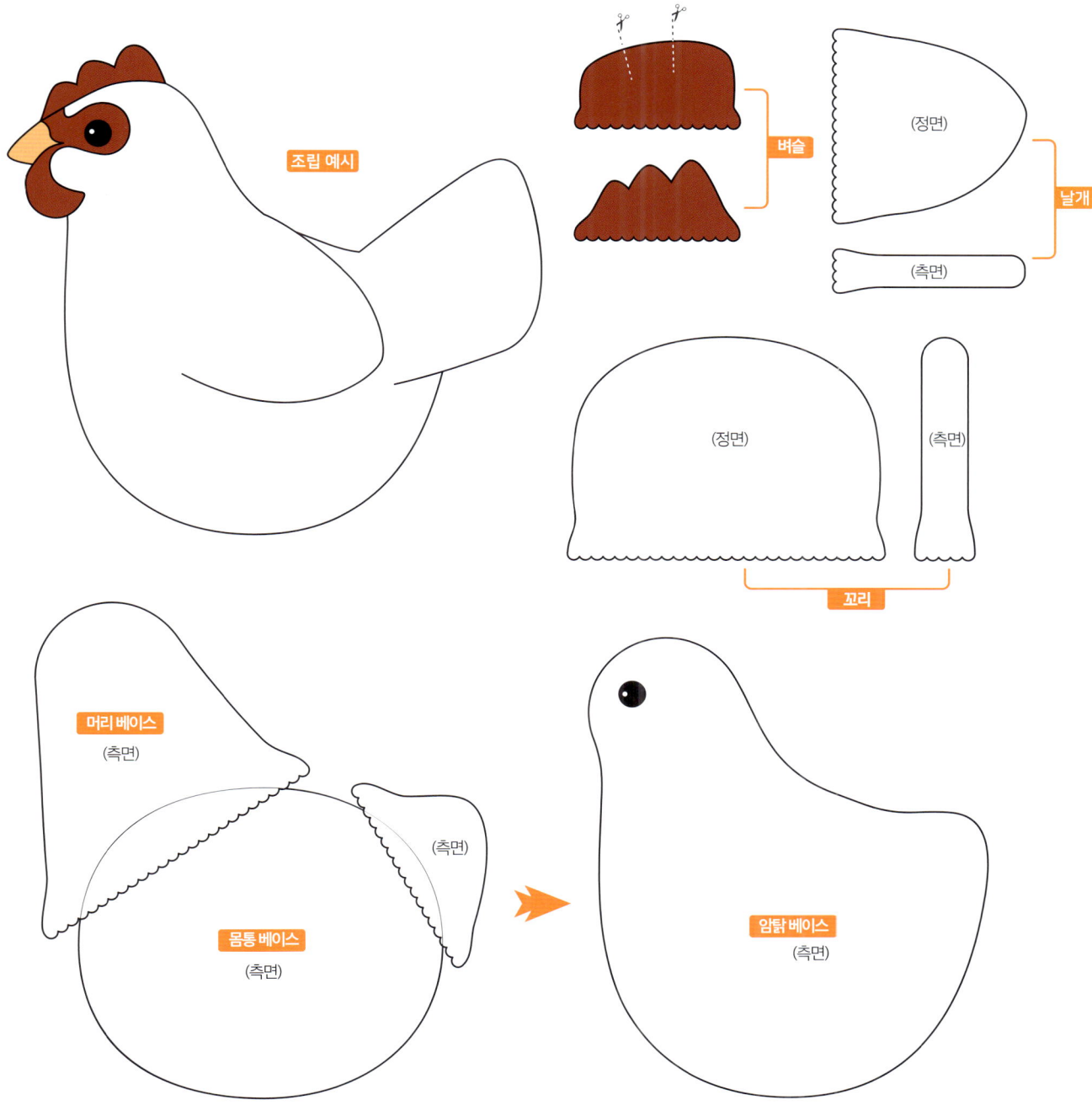

오목눈이 104p

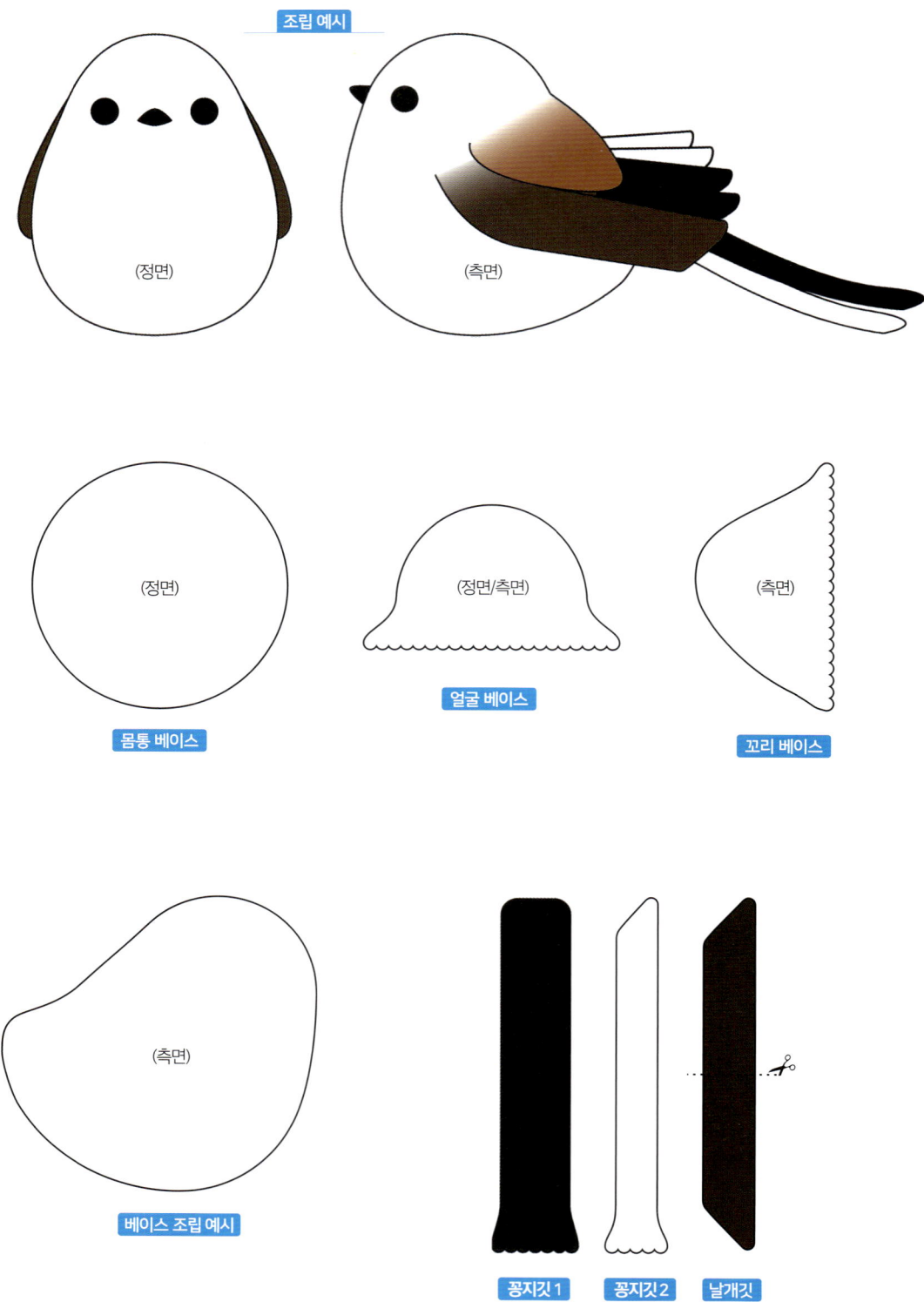

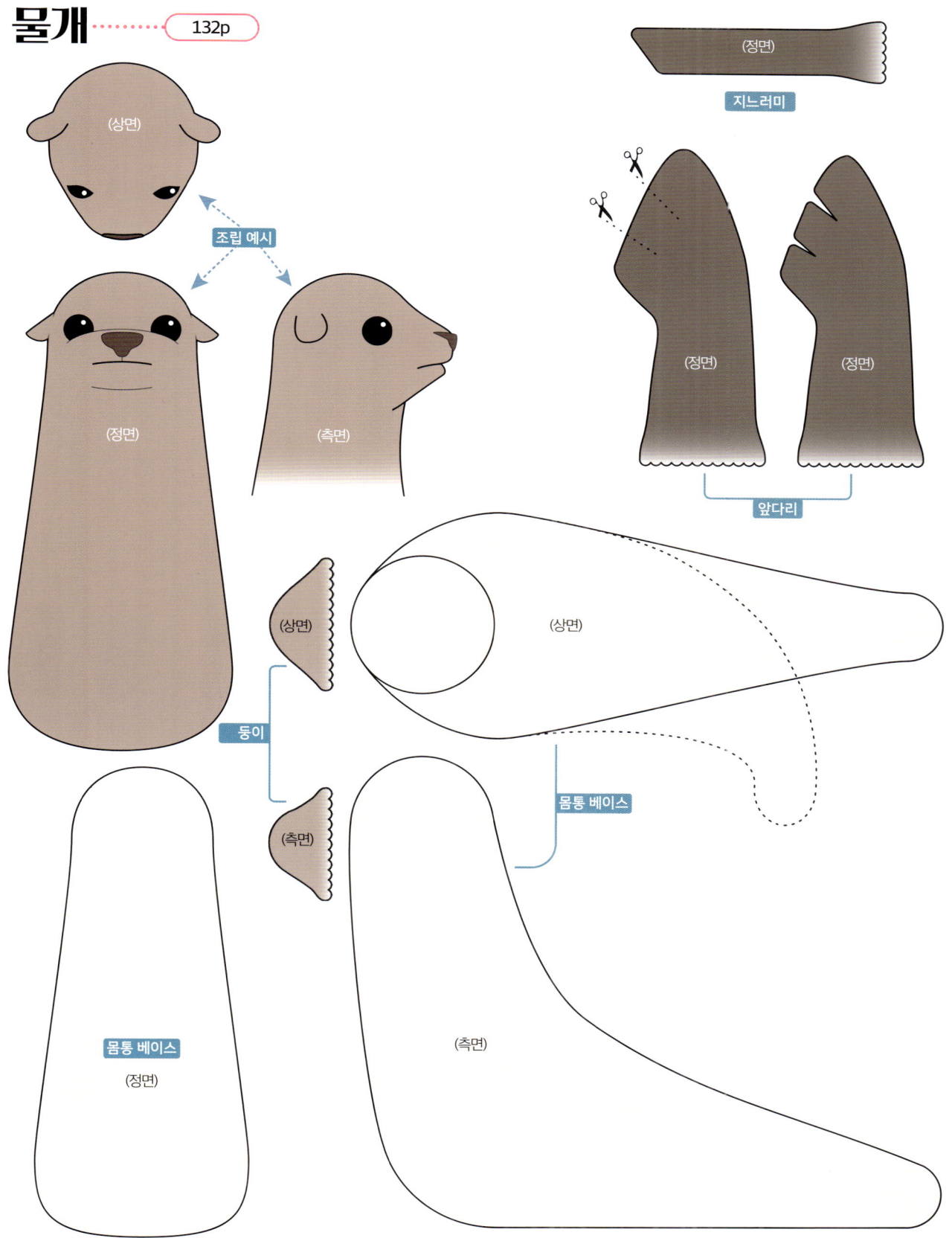

아기 펭귄 142p

페르시안 친칠라 148p

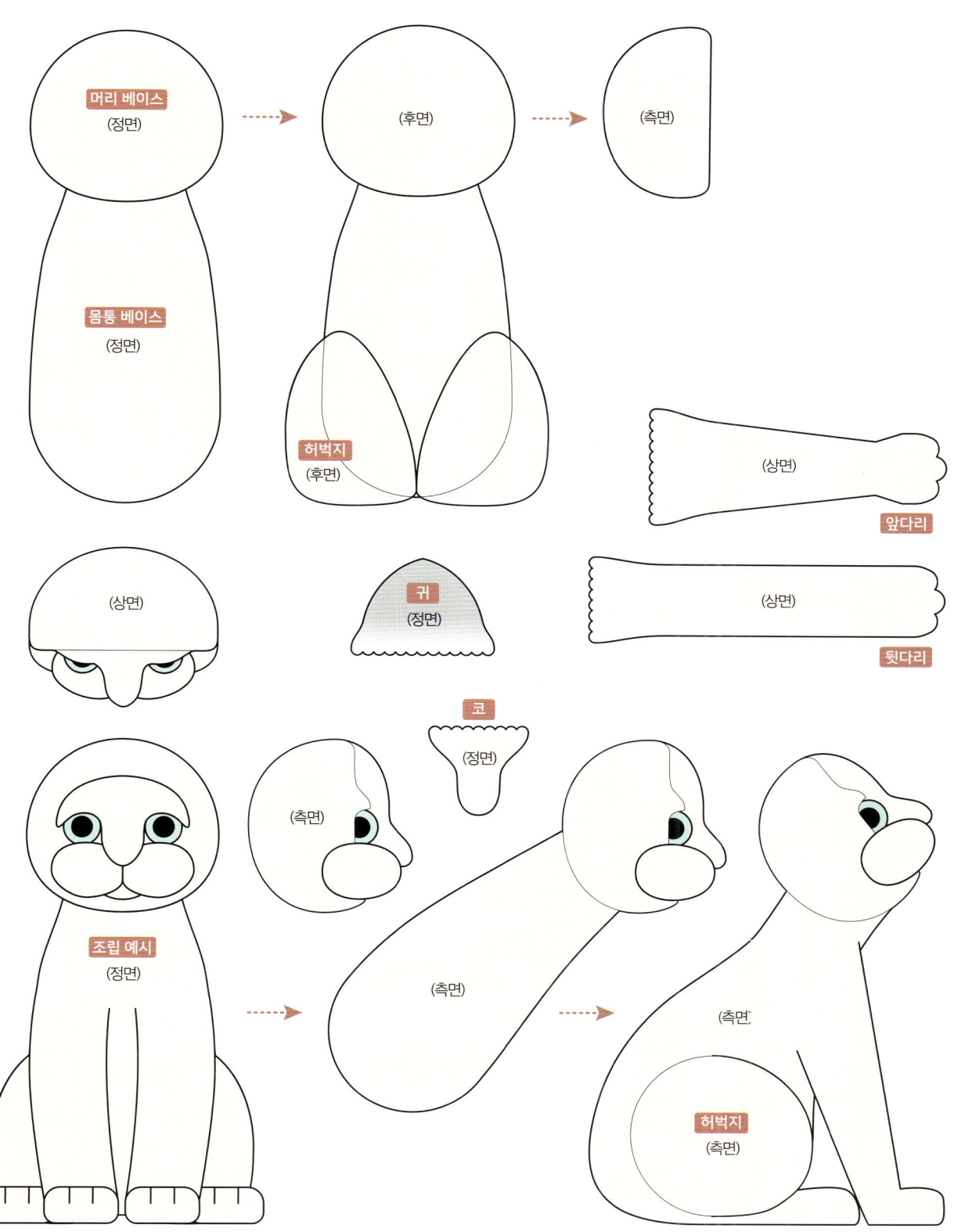

시바견

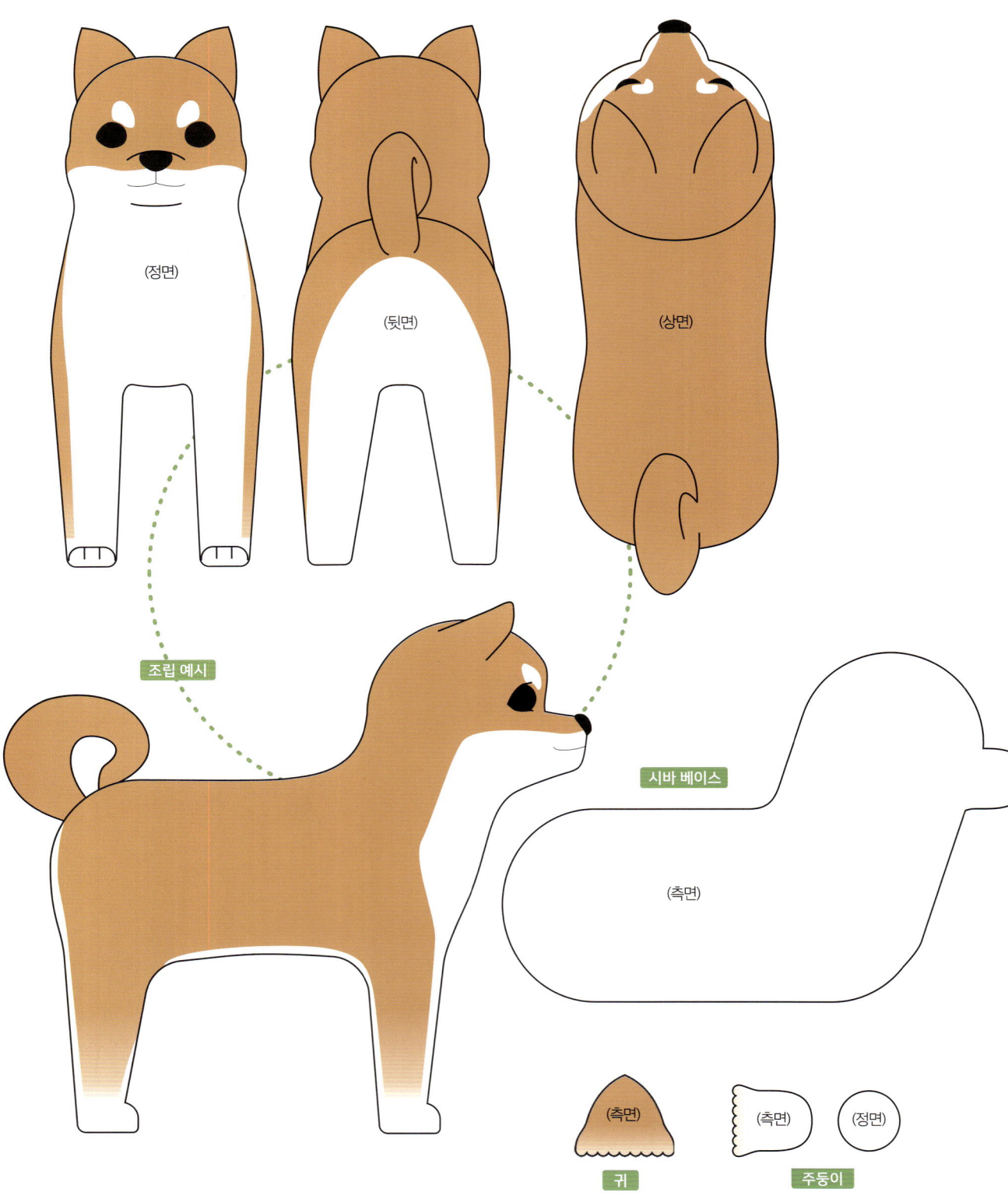

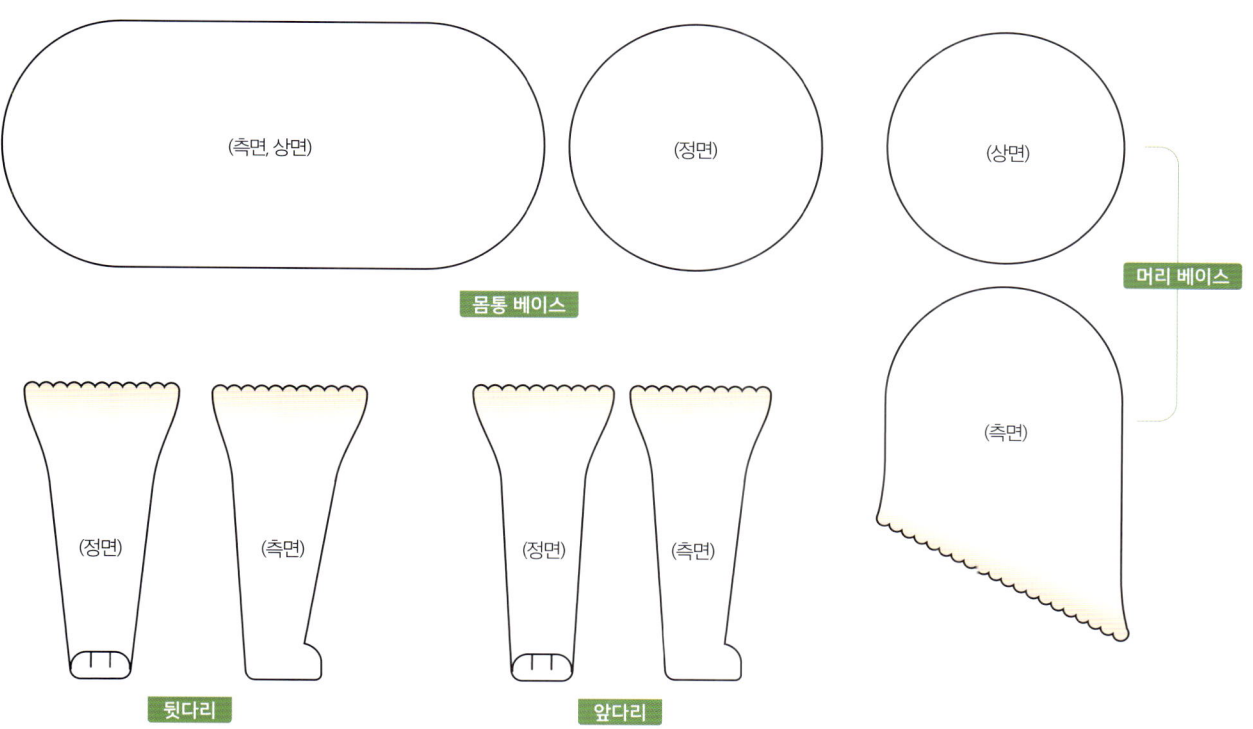

포메라니안 176p

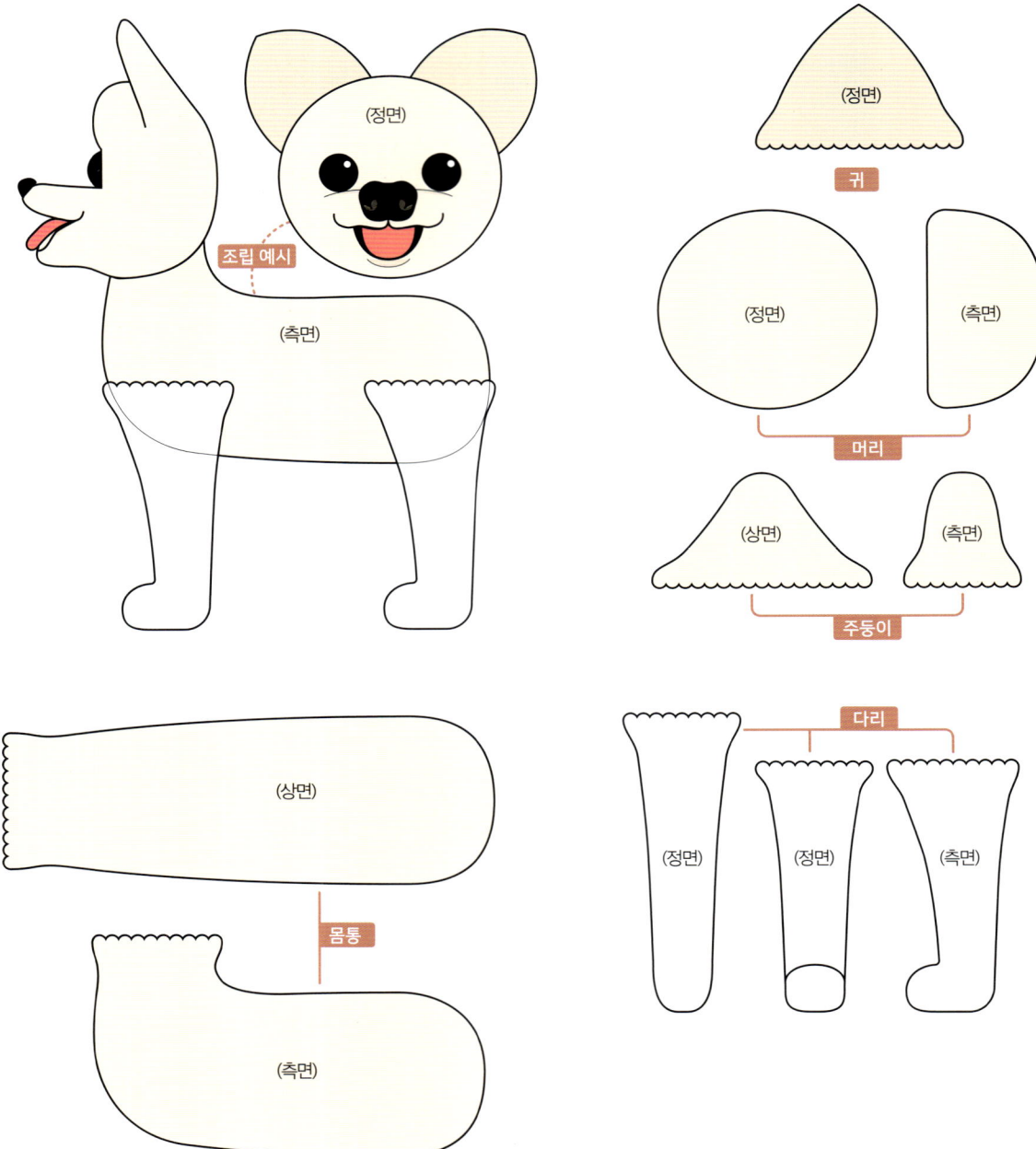